내 손 위의 코딩

비전공자도 시작할 수 있는 코딩 첫걸음

내 손 위의 코딩

</> <\>

고코더(이진현) 지음

```
    box-sizing: border-box;
    margin: 0;
    padding: 0;
body {
    font-family: 'Helvetica Neue', Arial, sans-serif;
    background-color: #f9f9f9;
```

"코딩 한 줄 몰라도 괜찮습니다!"

국비지원 교육부터 부트캠프, 포트폴리오까지
현직 개발자에게 배우는 개발자 입문기!

원앤원북스

■ 프롤로그 ■

내 손 위의 코딩

코딩이란 무엇일까? 요즘 이 단어는 뜨거운 감자다. 초등학생부터 어르신까지 남녀노소 불문하고 코딩이란 단어를 모르는 사람은 없다. 하지만 이 단어의 속뜻을 정확히 아는 사람은 드물다. 그래서 범접할 수 없는 아주 오묘한 단어처럼 느껴진다. 이 단어는 우리와 아주 가까이 있고 지금도 함께 하고 있다. 코딩이란 단어가 아직까지 막막하게 느껴진다면, 이 책은 그 막막함을 친숙함으로 바꾸는 데서 출발하고자 한다.

지난 수세기 동안 인류의 삶은 많은 변화를 맞이했다. 특히 컴퓨터라는 도구는 우리의 일상과 떼려야 뗄 수 없는 관계가 되었다. 시장에 나가지 않아도, 크롬 브라우저를 열고 쇼핑몰 사이트에 접속한 다음 버튼만 몇 번 클릭하면 다음 날 새벽 문 앞까지 구매한 물건이 배달된다. 지갑 속에 현금을 넣고 다니지 않아도 스마트폰을 들어 엄지손가락만 한 번 움직이면 돈을 송금할 수 있다. 이러한 발전 덕분에 우리의 삶은 윤택해지고 자유로워졌다.

그렇다면 코딩은 도대체 우리의 삶을 어떻게 바꾼 것일까? 또 전자기기는 코딩과 무슨 관련이 있을까? 그 좋은 예를 집에서 굴러다니는 직사각형의 플라스틱 덩어리 TV '리모컨'에서 찾아보자. 1950년대 미국의 TV 제조사 제니스 일렉트로닉스(Zenith Electronics LLC)는 최초의 TV 리모컨을 선보였다. 좀 더 거슬러 올라가면 천재 발명가 니콜라 테슬라(Nikola Tesla)가 모형보트를 운전하기 위해 처음 사용한 것으로 기록되어 있다. 그리고 1920년대 라디오를 조정하는 유선 리모컨이 출시되기도 했다. 스마트폰 이전, 삐삐가 나오기도 전인 옛날부터 인간은 리모컨에 코딩된 동작으로 무언인가를 조정할 수 있었다. 다시 말해 스마트폰으로 개발된 앱을 이용해 자동차 문을 열 수 있는 것처럼, 1950년대부터 '미니 컴퓨터'인 리모컨을 통해 TV를 작동할 수 있었다.

제조사마다 모델마다 천차만별이지만 리모컨에는 약 50여 개의 버튼이 있다. 숫자 버튼을 누르면 원하는 채널로 이동할 수 있고, 음량 버튼(+, -)을 클릭하면 단계적으로 음향의 크기를 조절할 수 있다. 이때 손가락으로 누른 버튼은 전자회로 칩이 인식하고, 이를 적외선 빔으로 방출한다. 이 신호는 TV 수신부 '포토다이오드'가 인식하고 내부에서 처리한다.

무심코 사용했던 리모컨의 모든 동작은 사실 코딩으로 작동한다. 개발자가 코딩한 흐름대로 동작한다. 채널을 돌리고, 전원을 끄고 킨다. 리모컨 하나에도 개발자의 코드가 들어가며, 모든 과정이 개발자의 땀방울로 이뤄진 결과물이다. 이 네모난 플라스틱 덩어리뿐만이 아니다. 전자레인지의 음식을 넣고 돌리는 기능 역시 코딩으로 이뤄진 동작이다. 걸어 다니는 로봇 역시 코딩으로 움직임을 제어하고, AI 역시 개발자의 코딩으로 만들어진 작품이다. 코딩은 스마트폰 훨씬 이전에도 우리 손 위에 들려져 있었던 것이다.

코딩이란 단어가 유행하면서 코딩을 건축 과정에 비유하기도 하고, 발전된 계산기라고 표현하기도 한다. 그런 비유는 괜히 코딩을 어렵고 복잡한 존재처럼 느껴지게 한다. 코딩은 이미 예전부터 우리 손바닥 위에서 동작하고 있었다. 다만 그 존재를 이제야 깨닫고서 직접적으로 코딩을 배우고 개발하려는 노력이 더해지고 있을 뿐이다.

친한 친구일수록 가까이에 있지만 그 소중함을 잘 모르는 경우가 많다. 친할수록 연락이 드문 이유는 서로가 서로를 믿기 때문일 것이다. 그렇지만 시간이 지날수록 친한 친구의 존재는 점점 커진다. 코딩도 그런 존재가 아닌가 싶다.

이 책은 코딩을 배우고자 하는 모든 이를 위한 안내서다. 그리고 개발자를 꿈꾸는 사람들, 특히 비전공자임에도 개발자를 꿈꾸는 독자를 위해 실질적인 방법과 방향을 제시한다. 단순한 이론이 아니라, '어떻게' 시작해야 할지를 담았다. 개발자라는 꿈을 향해 나아가는 데 이 책이 의미 있는 길잡이가 되길 바란다.

이진현

차례

2장. 할 수 있다, 개발자!

3장. 코딩을 배워봅시다

4장. 개발자로 변신하기

5장. 개발자의 하루

1장.
코딩? 개발자?

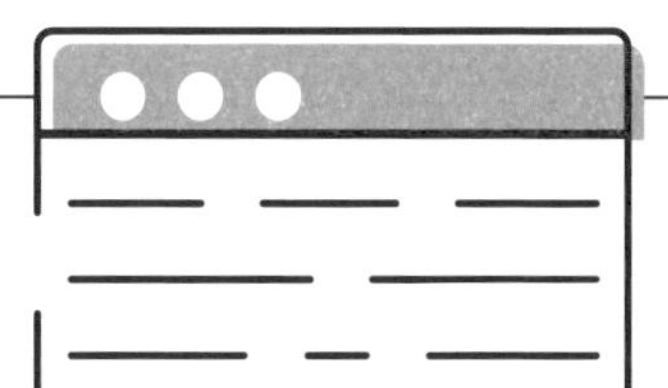

어느 날 외계인이 등장했다

어느 날 갑자기 거대한 우주선이 지구에 내려왔다. 450m가 넘는 비행물체가 미국, 중국, 러시아를 비롯한 세계 각지 상공에 등장했다. 인류는 공포를 느끼며 비상사태를 선언한다. 외계인은 인간이 알 수 없는 웅얼거리는 소리를 낸다. 이에 미국 정부는 언어학자 루이즈 뱅크스를 호출하고, 외계인의 언어를 해독해달라고 요청한다. 영화 〈컨택트(Arrival)〉의 줄거리다. 외계어를 둘러싼 수수께끼를 풀고, 그들이 지구를 방문한 이유와 인류를 향한 메시지를 해독하는 과정이 이어진다.

영화가 아니라 실제로 이런 무시무시한 비행물체가 등장한다면 우리는 어떻게 해야 할까? 가장 먼저 해야 할 일은 이들의 목적을 알아내는 것이다. 그렇게 하기 위해서는 그들의 언어를 먼저 이해해야 한다. 우리가 쓰는 언어가 아닌 그들이 쓰는 방식의 언어로 말이다. 만약 원활한 의사소통이 이뤄지고 서로 원하는 바를 전달할 수만 있다면, 아마도 우주에서 온 비행물체는 우리가 모르는 특별한 일을 할 수 있을 것이다. 어쩌면 그들에게 새로운 과학기술을 배워 좀 더 발전된 문명을 이룰 수 있을지 모른다.

이런 멋진 일이 실현되기 위해서는 우리의 언어를 그들에게 전달해야 한다. 이런 과정을 '코딩(Coding)'이라고 하겠다. 그리고 그런 일을 하는 사람을 '개발자(Developer)'라고 하겠다.

책상 위의 외계인

어느 날 갑자기 작고 네모난 우주선이 내 책상 위에 등장했다. 이 물체의 크기는 높이가 대략 30cm 정도다. 어떤 물체는 높이 1cm 이하의 매우 얇은 것도 있다. 영화 속 거대한 우주선에 비하면 매우 작은 셈이다. 이 낯선 물체는 빠르게 보급되어 모든 개발자의 책상 위에 자리를 잡았다. 놀란 마음을 가다듬고 전기를 연결하고 전원 버튼을 눌러보자.

잠시 후 이 무시무시한 작은 박스는 우리와 대화하기 위해 먼저 소통을 시도한다. 모니터 화면에 하얀색 글씨가 한 글자씩 느리고 선명하게 찍힌다. 이후 깜빡거리는 커서가 멈췄다.

```
'Hello World!'
```

'헬로 월드'라고 먼저 컴퓨터가 인사한다. 세상과 만난 외계인이 보내는 첫 메시지다. 그런데 이 뜬금없는 인사는 무엇일까? 'Hello World'는 프로그래밍 언어를 학습할 때 첫 예제 프로그램으로 작성하는 메시지다. 그렇다면 어떻게 저 글자를 출력했을까? 간단하게 코딩을 해보자.

파이썬

```
print("Hello World!")
```

이 코드는 파이썬(Python)이라는 프로그래밍 언어로 'Hello World'라는 단어를 화면에 표시하는 명령어다.

C

```
printf("Hello World!");
```

이번에는 C라는 프로그래밍 언어로 'Hello World'를 화면에 출력하는 명령어다. 파이썬과 다른 건 철자 하나다.

자바

```
System.out.println("Hello World!");
```

이번에는 다른 언어보다 조금 문장이 길다. 바로 자바(Java)에서 사용하는 방식이다. 이렇게 언어마다 다양한 방식으로 세상과 조우하는 'Hello World'라는 코드를 작성할 수 있다.

JavaScript

```
console.log("Hello World");
```

이번에는 JavaScript다. Ecma 인터내셔널의 프로토타입 기반의 프로그래밍 언어를 기반으로 한 스크립트 언어라 조금 다른 문법을 확인할 수 있다.

Ruby

```
puts "Hello World"
```

마지막으로 Ruby다. 'puts'라는 문법은 오직 문자열만을 출력하는 함수다.

'Hello World'는 의례적인 방식이다. 마치 축구대표팀 경기에 앞서 국기에 대한 경례를 하듯이 새로운 프로그래밍 언어를 배우는 사람이 가장 먼저 작성하는 의례의식이다. 새로운 언어를 시험해보는 차원에서 'Hello World'를 가장 먼저 화면에 출력해보는 것이다.

헬로 월드는 1978년 브라이언 커니핸(Brian Kernighan), 데니스 리치(Dennis Ritchie)의 교재 『The C Programming Language』에서 처음 소개된 예제로, 이 밈이 유명해지면서 프로그래밍 입문자가 가장 먼저 마주하는 코드로 자리 잡게 되었다. 아마도 새로운 언어로 만나는 또 다른 세상을 뜻하는 게 아닐까?

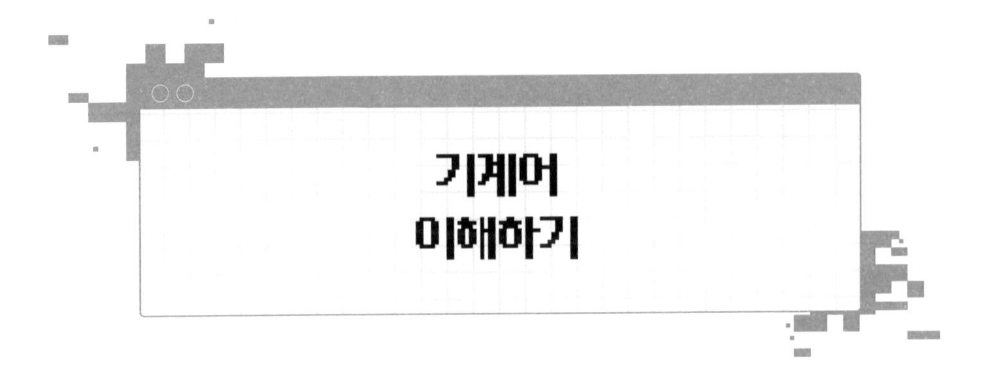

기계어 이해하기

생각해보니 이 작고 네모난 외계인은 우리가 아는 글자로 대화를 걸었다. 어떻게 된 것일까? 우리의 언어를 잘 아는 것일까? 아니다. 사실 이들은 컴퓨터가 쓰는 언어인 '기계어(Machine Language)'로 대화를 시도했을 뿐이다. 그 원본을 같이 들여다보자.

10001100100100111110111111110111101100011000010101000

숫자가 잔뜩 있는데 왜 전부 0과 1뿐일까? 이것이 의미하는 바는 무엇일까? 짝수, 홀수 놀이일까, 모스부호라도 되는 걸까? 정답은 바로 기계어다.

기계어는 컴퓨터의 언어로, 컴퓨터가 별다른 해석 없이 읽을 수 있는 프로그래밍 언어다. 이번에는 좀 더 읽기 편하게 띄어쓰기로 구분해보겠다.

```
00100 | 01100 | 10010 | 01111 | 10111 | 11111 | 01111 | 01100 | 01100 | 00101 | 01000
  d   |   l   |   r   |   o   |   w   |       |   o   |   l   |   l   |   e   |   h
```

이렇게 보니 조금은 이해가 가는 것 같다. 마치 영화 속 언어학자처럼 외계인과 조우해 그들의 언어를 하나씩 해독해가는 짜릿함이 느껴진다.

이러한 이진법은 고트프리트 라이프니츠(Gottfried Leibniz)가 고안했고, 이후 최초의 컴퓨터 '애니악(ENIAC; Electronic Numerical Integrator And Computer)'이 발명되었다. 기판에 있는 작은 전선들을 조작해 연결이 이뤄진 곳을 '1', 연결이 없는 곳은 '0'으로 설정했고 전선을 연결한 조합이 당시의 프로그래밍이었다. 처음에는 '전기가 들어오고' '전기가 들어오지 않고'를 하나의 신호로 삼았지만, 좀 더 간결하게 표현하기 위해 '예' '아니요'를 쓰기 시작했다. 이후에는 '참' '거짓' 혹은 '0'과 '1'로 정착되었다. 결론적으로 0과 1은 정보의 가장 작은 단위라고 할 수 있다.

실무에서는 '코드를 짜다'라는 표현을 많이 한다. 마치 실로 옷

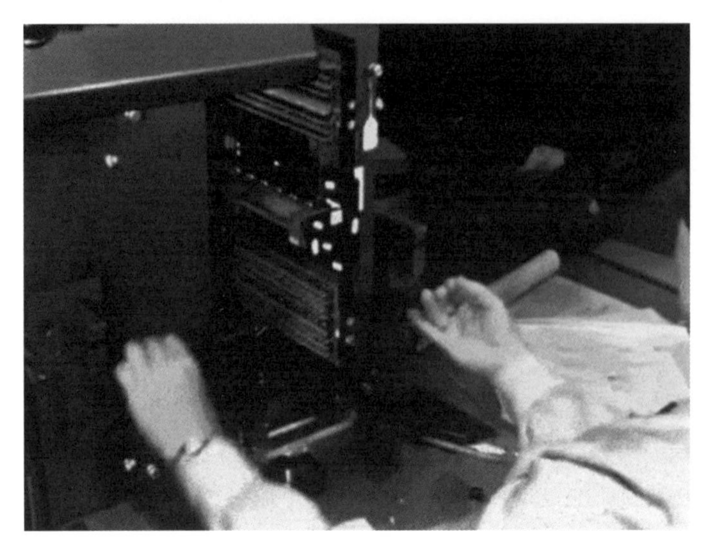

초창기 개발자들은 바느질하듯이 코드를 짰다.

을 만드는 과정처럼 말이다. 실제로 초창기 코딩은 전선을 짜서 프로그래밍을 했다. 키보드가 아닌 뜨개질처럼 전선을 이리저리 끼우면서 말이다. '코드를 짠다'는 표현에는 단순한 은유가 아닌 실제 경험이 담겨 있다.

이처럼 초창기 개발자는 컴퓨터와 대화하기 위해 많은 노력이 필요했다. 하지만 외계인과 우리는 점점 친해졌고 언어의 장벽도 점차 무너지기 시작했다. 원활한 소통을 위해 등장한 것이 바로 '고급언어'다.

고급언어의 탄생

영화 속 언어학자 루이즈 뱅크스는 외계인의 언어를 배워 그들과 소통했지만 우리는 달랐다. 책상 위에 내려앉은 컴퓨터란 외계인은 우리의 언어를 배우고 싶은 마음이 없는 까칠한 외계인이었다.

그래서 똑똑한 개발자들이 모여서 고민을 시작했다.

"우리가 사용하는 일상적인 언어, 기호 등을 그대로 이용해서 이 네모난 컴퓨터와 이야기할 수 있을까?"

고민의 고민을 거듭한 결과, 고급언어가 탄생했다. 컴퓨터와 수월하게 대화할 수 있는 방식, 인간과 좀 더 가까운 언어 방식으로 말이다. 이러한 언어를 사용하는 대표적인 프로그래밍 언어는 다음과 같다. 어디서 많이 들어본 단어들이다.

C

C++

C#

자바

Pascal

파이썬

Visual Basic

개발자가 프로그래밍에서 사용하는 언어는 거의 대부분 고급언어다. 가끔 전설적인 이야기로 기계어 0과 1로만 코딩을 짜는 인도 개발자 이야기를 들어본 적은 있지만, 실무에서는 단 한 번도 그런 천재를 본 적이 없다. 만약 기계어 구사가 자유자재로 가능하다면 컴퓨터와 가까운 머리를 가진 사람이 아닐까 생각한다. 그러나 우리는 천재가 아니기 때문에 고급언어로 컴퓨터와 대화를 시도해야 한다.

C

```
#include <stdio.h>
int main(void)
{
  printf("Hello World!\n");
  return 0;
}
```

우선 고급언어인 C언어로 간단한 예제를 코딩했다. 아까 그 'Hello World'를 출력하는 아주 간단한 문법이다. 아직 C언어를 모르는 사람도 대충 느낌으로 읽을 수 있다. 고급언어는 이렇게 실생활에서 사용하는 영단어로 구성되어 있다.

그렇다면 이 보기 좋은 코드를 이진법으로 표현해보자.

```
```
100011 1101001 1101110 1100011 1101100
1110101 1100100 1100101 111100 1110011
1110100 1100100 1101001 1101111 101110
1101000 111110 1101001 1101110 1110100
1101101 1100001 1101001 1101110 101000
1110110 1101111 1101001 1100100 101001
1111011 1110000 1110010 1101001 1101110
1110100 1100110 101000 100010 1001000
1100101 1101100 1101100 1101111 1010111
1101111 1110010 1101100 1100100 1011100
1101110 100010 101001 111011 1110010 1100101
1110100 1110101 1110010 1101110 110000
111011 1111101
```
```

역시 무슨 말인지 하나도 모르겠다. 컴퓨터 외계인은 반대로 이 반복되는 0과 1을 보면서 "아, 보기 편하다. 역시 기계어가 최고야!"라고 말할 것이다.

다행히 우리에게 고급언어가 있고, 우리 방식대로 우리의 방법으로 코딩을 할 수 있게 되었다. 그렇다면 다른 언어들은 'Hello World'를 어떻게 표현할까?

자바

````
```
public class HelloWorld {
  public static void main(String[] args) {
   System.out.println("Hello World");
  }
}
```
````

자바에서 'Hello World'를 표현하는 문법이다. C언어와 비교하면 좀 더 길고 복잡하게 느껴진다. 하지만 이진법에 비해선 간결하다.

C++

````
```
#include <iostream>
int main()
{
std::cout << "Hello World" << std::endl;
return 0;
}
```
````

이번에는 C++다. 언뜻 보면 C와 굉장히 비슷하게 보이지만 약간 차이가 있다. C에서는 'printf'라는 단어를 사용하지만, C++에서는 'std::cout'를 사용한다. 참고로 C++는 C의 기능을 상당 부분 지원하기 때문에 C++에서도 'printf'를 쓸 수 있다.

BrainFuck

```
```
++++++++++[>+++++++>++++++++++>+++>+<<<<-
]>++.>+.+++++++..+++.>++.<<+++++++++++++++.>.
+++.------.--------.>+.>.
```
```

이번에는 아주 괴상한 언어를 알아보자. 'Hello World'를 출력한 문법을 보면 기계어보다 더 난해해 보인다. 8개 문자로 프로그래밍을 하는 이 언어는 이름도 특이한 브레인퍽(BrainFuck)이다. 프로그래밍 방법은 엄청 난해하지만 일단 튜링 완전 타입의 언어이기 때문에 이론적으로는 컴퓨터가 할 수 있는 모든 일을 할 수 있다.

ArnoldC

```
```
IT'S SHOWTIME
TALK TO THE HAND "hello world"
YOU HAVE BEEN TERMINATED
```
```

이번에는 재미있는 언어를 소개해보겠다. 아놀드C(ArnoldC)라는 언어다. 영화배우 아놀드 슈왈제네거의 이름에 C를 더한 언어로, 그가 영화에서 했던 대사로 이뤄져 있는 재미있는 프로그래밍 언어다. 'return' 커맨드는 'I'LL BE BACK', 'EqualTo'는 'YOU ARE NOT YOU YOU ARE ME', 그리고 'False'는 'I LIED'라고 한다.

이렇게 다양한 언어로 세상과 조우해봤다. 여기서 한 가지 의문이 들기 시작한다. 컴퓨터가 우리의 언어를 어떻게 알아듣는 걸까? 번역기가 있기 때문이다. 이 번역기를 '컴파일러(Compiler)'라고 한다.

컴파일러란 무엇인가?

요즘 나는 해외여행을 가도 두렵지 않다. 구글 번역기가 있기 때문이다. 앱을 실행하고 한국어로 말하고 번역될 언어를 선택하면 그 나라 언어에 맞게 번역된다. 낯선 외국인과 손쉽게 소통할 수 있다. 만약 좀 더 원활한 소통을 원하면 '통역가'를 초대하면 된다. 통역가는 좀 더 부드럽고 정확한 소통을 가능하게 해준다. 이것이 번역의 힘이다.

고급언어를 쓰는 사람과 기계어를 쓰는 외계인 사이에도 번역을 해주는 통역가가 있다. 바로 컴파일러다. 고급언어로 작성된 소스는 컴퓨터가 바로 이해할 수 없다. 우리가 0과 1이 가득한 글자를 이해할 수 없는 것처럼 말이다.

컴퓨터는 우리의 언어를 배울 생각이 전혀 없어 이진수로 된 기계어만 고집한다. 그래서 개발자들은 컴파일러라는 번역기를 개발했다. 작성된 고급언어의 명령들을 기계어로 번역하는 프로그램이다. 우리는 이 똑똑하고 듬직한 통역가를 믿고 우리만의 언어로 코드를 작성하면 된다.

컴파일러는 프로그램을 컴파일한다. 이 말은 코드로 작성된 프로그램을 다른 언어로 변환한다는 뜻이다. 컴파일러도 컴퓨터 프로그램이다. 컴파일러는 보통 고급언어를 저급언어로 변환하는 방식으로 작동한다. 원리는 다음과 같다.

1. 코드를 작성한다.
2. 코드를 컴파일한다.
3. 컴파일러가 다른 컴퓨터에서 실행할 수 있는 프로그램을 생성한다.
4. 생성된 프로그램을 실행한다.

자바와 C언어처럼 다양한 언어가 컴파일러에 의해 컴파일되어 실행된다. 그런데 파이썬이나 JavaScript와 같은 스크립팅 언어는 인터프리터(Interpreter)에 의해 실행된다. 이 언어들은 인터프리터라는 통역기를 거쳐야 한다. 인터프리터는 프로그램을 저급언어로 변환하지 않고 바로 실행해준다. 인터프리터로 프로그램을 실행할 때는 다음과 같이 컴파일 언어보다 훨씬 단순한 과정으로 작업이 처리된다.

1. 프로그램을 작성한다.
2. 인터프리터 안에서 프로그램을 실행한다.

만약 컴파일러가 없었다면 필자는 오늘도 자바를 코딩할 때 '010100111'과 같이 2개의 숫자로 코딩을 하는 신세가 되었을 것이다. 참 다행이다.

외계인과의 블록버스터

어느 날 등장한 기계어밖에 모르는 컴퓨터와 소통하기 위해 개발자들은 끊임없이 노력했다. 그 결과 우리는 손쉽게 코딩과 프로그래밍을 할 수 있게 되었다. 외계인과의 조우는 상상 속 이야기지만 컴퓨터와의 만남은 현실에서 펼쳐진 블록버스터였다. 하지만 컴퓨터와 소통하기 위한 인간의 노력은 계속되고 있다. 키보드를 벗어나 마우스 클릭만으로 혹은 목소리만으로 코딩을 할 수 있도록 점차 발전하고 있다.

이제는 AI 코드 생성기술이 발전하면서 컴퓨터가 스스로 코드를 작성하는 능력이 점점 향상되고 있다. 어쩌면 우리는 영화 속 이야기보다 더 영화와 같은 세상을 살고 있는 것이 아닐까? 자, 그럼 이제 코딩으로 컴퓨터 외계인과의 동행을 시작해보자.

신호등을 만드는 사람

"좋은 소프트웨어 개발자란 코딩, 문제 해결, 단위 테스트 작성을 능숙하게 잘하는 사람이 아니다. 좋은 소프트웨어 개발자는 자신의 경력을 관리하고 목표를 성취하며 삶을 즐기면서 살아가는 사람이다."

베스트셀러 작가이자 소프트웨어 개발자 존 손메즈의 말이다. 개발자란 무엇일까? 정답은 많다. 코딩을 짜는 사람, 프로그래밍 언어를 다루는 사람, 알고리즘을 이해하는 사람, 프로그램을 만드는 사람 등 개발자의 정의는 다양하다. 이번 챕터에서는 개발자가 되고 싶은 사람을 위해 좀 더 포괄적인 의미를 담아보려고 한다.

어떤 사람이 개발자인지 생각해보는 시간이 되었으면 한다.

코딩이란 단어는 컴퓨터 프로그래밍을 뜻한다. 자바, C, 파이썬처럼 컴퓨터 언어로 프로그램을 만드는 과정을 의미한다. 도로 위의 신호등은 진행, 정지 표시를 통해 교통의 흐름을 원활하게 도와준다. 자동차는 정해진 규칙에 따라 신호등이 표시하는 빨간불 앞에서 정지한다. 만약 이런 규칙이 없다면 혹은 지키지 않는다면 도로 위는 무법지대가 될 것이다. 코딩은 신호등처럼 컴퓨터의 흐름을 제어한다. 그런 신호등을 만드는 사람이 바로 개발자다.

1초에 1천km를 갈 수 있는 자동차가 있다고 상상해보자. 이 차의 특징은 한 번 달리면 중간에 멈추거나 쉬어갈 수가 없다. 완주를 해야 한다. 그렇다면 이렇게 빠른 차를 효과적으로 운영하는 방법은 무엇일까? 필자라면 1초 만에 대륙을 횡단하는 퀵 배달 시스템을 개발할 것이다. 그리고 화물이 없는 시간에는 자동차 경주대회에 참가해 1등을 차지할 것이다. 마지막으로 아침은 뉴욕에서 브런치를, 점심은 이탈리아에서 피자를, 저녁은 한국에서 부대찌개를 먹을 것이다. 이처럼 빠른 자동차를 활용할 방안은 무궁무진하다. 다만 어떻게 자원의 낭비 없이 잘 활용할 수 있는지에 대한 문제만 남았다.

안타깝게 그렇게 빠른 자동차는 없다. 하지만 컴퓨터에서는 빠른 연산속도를 가진 기계가 있다. 바로 CPU다. 평균적으로 CPU는 1초에 8,500만 번의 계산이 가능하다. 초등학교 때 손가락을 세어가며 하던 그 덧셈을 컴퓨터는 초당 8천만 번 이상을 하는 셈이다. 이 빠른 컴퓨터의 연산능력을 사용하는 것이 바로 개발자다. 그런데 아무리 빠른 자동차일지라도 신호를 어길 수는 없다. 빨간불에 지나가면 사고가 나거나 엉뚱한 데로 가버릴 것이다. 혹은 딱지를 뗄 수도 있다. 제대로 제어하지 않으면 무용지물이 되는 자동차처럼 빠른 CPU의 연산능력 역시 제어가 필요하다.

개발자의 의미

단순히 '코딩을 할 줄 아는 사람'을 개발자라고 부른다. 하지만 좀 더 넓은 의미로 생각해봐야 한다. 바로 '경험하지 않은 문제가 주어졌을 때 해결할 수 있는가?' 하는 부분이다. 처음 자동차를 운전할 땐 사용법을 아는 것이 중요하지만, 결국에는 도로 위에서 다양한 상황을 헤쳐나가는 법을 배우는 것이 더 중요하다. 개발자도 마찬가지다. 문법을 익히고, 프로그래밍 언어를 익히고 나면 이제 코딩을 잘 다루는 사람이 되는 것이다.

개발자란 단어는 무서운 단어다. 컴퓨터 천재이면서 마크 저커버그처럼 페이스북을 뚝딱 만들어내는 사람으로 느껴진다. 하지만 개발자는 빠른 자동차를 만드는 사람이 아니라, 자동차를 얼마나 효과적으로 창의적으로 움직이게 할지 연구하고 고안하는 사람이다.

코딩이 보편화된 이유가 여기에 있다. 모든 것이 준비되어 있다. 개발도구를 이용하면 더 이상 문법을 외우지 않아도 자동완성을 통해 즉시 머리에 맴도는 해법을 찾을 수 있고, 모든 기능을 직접 만들지 않아도 선배 개발자가 만들어놓은 라이브러리를 가져다 쓸 수 있다. 그렇기에 개발자가 되고 싶은 사람에게 말하고 싶다. 이런 마음가짐을 준비하라고 말이다.

당신은 어떤 꿈을 꾸는가? 얼마나 많은 기대를 가지고 있는가?

개발자의 종류

개발자는 사회가 필요로 하는 직업이다. 우리 일상에 꼭 필요한 존재다. 예를 들어 컴퓨터가 개발되기 전에는 편지라는 매체를 이용해 먼 거리에 있는 사람과 의사소통을 했다. 검은색 잉크가 나오는 펜으로 종이에 글을 쓰고, 우표를 붙이고, 우체부를 통해 전달했다. 하지만 이런 원시적인 방법은 몇 가지 단점이 존재했다. 우선 종이와 펜이라는 재료가 필요했다. 종이는 시간이 지남에 따라 누렇게 변하거나 훼손되는 재료였다. 하지만 컴퓨터가 발달하면서 편지에 쓸 정보가 디지털로 변환되기 시작했고, 그 과정에서 개발자들은 종이와 펜을 대신할 프로그램을 개발했다. 네트워크 기술을 통해 언제 어디서든 원하는 곳으로 글자를 전송할 수 있게 만들었다. 자료를 보관할 수 있는 클라우드 서비스, 편지를 디지털로 보낼 수 있는 이메일 서비스 등 사회와 시장이 개발자들에게 끊임없이 제안하고 요구한 것을 실현했다. 우리가 아무렇지 않게 사용하는 이 간단한 기능들, 그 이면에는 수많은 개발자의 치열한 고민이 숨어 있다.

개발자는 무엇을 만드는 사람일까?

그럼 개발자는 무엇을 만드는 사람일까? '사회가 원하는 문제를 디지털 기술로 해결해주는 사람'이라고 정의할 수 있다. 개발자는 사람들이 필요로 하는 기능을 디지털 기술로 만들어 해결해준다. 마치 변호사가 법을 모르는 이들에게 자문하고 변론을 해주듯이, 의사가 의술을 모르는 이들을 대신해 치료해주듯이 개발자는 반복적이고 복잡한 문제를 클릭 한 번으로 해결해주는 역할을 한다.

갓 입사한 '주니어 개발자', 경력과 실력을 가지고 있는 '시니어 개발자'라는 단어를 많이 들어봤을 것이다. 다양한 업계에서 주니어와 시니어란 단어가 자주 쓰이는데, 유독 개발자의 세계에서 보다 많이 쓰인다는 느낌이 든다. 하지만 주니어, 시니어는 개발자를 분류하는 용어로는 충분하지 않다. 그래서 좀 더 구체적인 단어로 개발자를 구별하겠다.

1. 코더(Coder)

필자의 필명은 '고코더(GoCoder)'다. 고(Go)와 코더(Coder)를 합쳐서 만든 닉네임이다. 뜻을 풀이하자면 '코더가 되자'라는 뜻이다. 그런데 필자는 사실 코더가 아니다. 왜냐하면 코더란 실무에서 주로 주니어 개발자가 하는 일에 속한다. 좀 더 풀이하면 '코딩으로 결과물만을 만들어내는 사람'이란 뜻이다. 가장 기초적인 코딩을 하는 사람을 바로 코더라고 한다.

2. 개발자(Developer)

다양한 언어에 대한 이해와 개발 경험, 지식을 골고루 갖추면 비로소 개발자라고 말한다. 언어에 대한 이해도가 풍부하기 때문에 시스템을 설계할 수 있는 능력을 갖추고 있다. 또한 오프라인의 여러 문제를 소프트웨어로 해결하기 위해 솔루션을 제안할 수 있다. 앞서 언급한 '경험하지 않은 문제가 주어졌을 때 해결할 수 있는가?'라는 질문에 '예!'라고 대답할 수 있는 사람이 바로 개발자다. 결국 우리가 일반적으로 말하는 개발자라는 단어는 이 범주에 속한다.

“메타버스의 품질 정의 기준은 당신이 얼마나 다른 곳에 있는 다른 사람과 함께 그 사람의 상황을 느낄 수 있게 해줄 수 있느냐는 것이다. 다른 곳에 있는 다른 사람과 현재를 함께 느낀다는 것은 소셜 테크놀로지의 궁극의 꿈일 것이다.”

페이스북의 창립자 마크 저커버그의 말이다. 그는 2021년 10월 28일 사명을 ‘메타’로 변경하며 메타버스 기업으로 거듭나겠다는 자신의 비전을 밝혔다. 메타버스 기술을 통해 타인과 끊임없이 교류할 수 있는 기술을 만들겠다는 꿈을 발표한 것이다.

메타버스, 즉 온라인 세상 속에서 또 다른 삶을 살아갈 수 있다는 것은 매력적이다. 앞으로 디지털 속 나의 장소와 아이템이 오프라인에 있는 실제 집과 물건보다 더 큰 가치를 가지는 세상이 다가올 것이다. 가상의 온라인 아이템 하나를 갖기 위해 수억 원을 투자하기도 한다. 누군가에게는 데이터베이스에 존재하는 작은 데이터 조각에 불과하지만, 메타버스라는 세계에서는 이러한 디지털 아이템이 매우 귀중한 보석처럼 다뤄진다.

인공지능은 또 얼마나 발전할 수 있을까? 영화 속 로봇처럼 길거리 쓰레기를 줍고, 요리를 하고, 택배도 배달하는 로봇이 탄생할 수 있을까? 인공지능이 스스로 학습하고 연구해 소프트웨어를 개발할 수 있을까? 사실 이런 기술은 이미 개발 중이며 일부는 곧 시판을 앞두고 있다. 이처럼 개발자는 우리가 상상하는 모든 것을 만들어내고 있다. 개발자라는 직업이 없어지지 않는 이상 세상은 점점 더 화려하게 변할 것이다.

지금도 개발자는 끊임없이 사회가 필요로 하는 것을 만들어내고 있다. 개발자가 있기 때문에 우리의 공상이 현실화되고 있는 것이다. 예를 들어 과거에는 불편하게 은행에 가서 해야 했던 입출금 작업을 이제 스마트폰에서 터치 몇 번으로 해결할 수 있게 된 것도 개발자의 성과다.

개발자들은 지금 이 순간에도 우리의 필요를 위해 코딩을 짜고 있다. 한 줄 한 줄 쌓이는 코드라는 흙더미 위에 새로운 씨앗이 심어지고 나무가 자라면서 새로운 열매가 맺힌다. 개발자들의 손끝에서 또 어떤 세상이 펼쳐질지 상상해보자. 그리고 그 변화의 여정에 직접 참여해보는 것은 어떨까?

상상을 현실로 만드는 프로그래밍

'삼국지'란 게임을 아는가? 코에이 테크모에서 개발한 이 게임은 2세기 말~3세기 초 후한 말기 및 삼국시대 초반의 역사를 기반으로 한 전략 시뮬레이션 게임이다. 우리에게 익숙한 유비, 관우, 장비, 조조가 등장한다. 게임을 시작하면 중국 통일을 목표로 삼국지의 등장인물 중 하나를 선택해 내정을 관리하고 전쟁을 치른다. 1985년부터 지금까지 계속 시리즈를 출시하고 있으며, 지금도 많은 게이머에게 사랑을 받고 있다.

그런데 이런 삼국지 게임을 엑셀로 만든 전설적인 이야기가 존재한다. 왜 다른 좋은 프로그래밍 언어를 놔두고 엑셀로 이런 게임

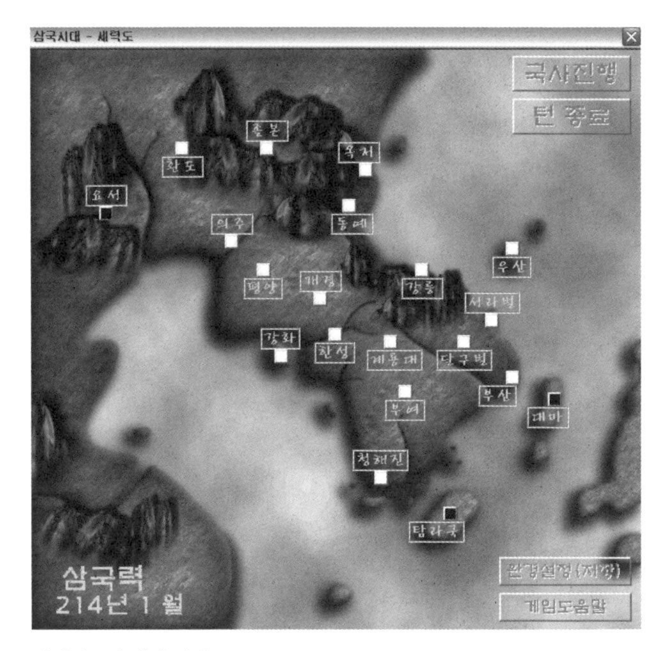

엑셀삼국지 게임 화면

을 만들었을까? 소문에 의하면 제작자는 군인이었고, 군대에서 제공하는 엑셀만을 가지고 이런 복잡한 게임을 만들었다고 한다. 단지 심심하단 이유에서였다.

이뿐만 아니라 테트리스, 슈퍼마리오, 버블버블 등 엑셀 고인물이 만들어낸 게임을 보면 상상을 초월한다. 엑셀로 이런 일이 어떻게 가능할까?

엑셀은 생각보다 강력한 도구다. Visual Basic과 JavaScript까지 지원하는 파워풀한 프로그래밍이 가능한 도구다. 그렇기에 평소 우리가 엑셀을 사용하는 수준을 넘어 이런 다이내믹한 게임까지 만들어낼 수 있는 것이다.

코딩과
프로그래밍

누구나 일기를 쓸 때 나름의 언어를 사용한다. 한글일 수도, 영어일 수도 있다. 아무 의미 없는 문자를 나열하진 않는다. 갓난아이라면 낙서를 할 수 있어도 언어를 아는 사람이라면 문법에 맞춰 의미를 담아 문장을 구성한다. 그래야만 그 순간의 생각을 나중에도 온전히 이해할 수 있기 때문이다.

단어를 이어 문장을 만들고 글을 완성하는 이유는 결국 그것을 읽고 이해하기 위해서다. 나도 알아들을 수 있고 상대도 알아들을 수 있는 언어로 적는 것이다. 코딩도 이와 같다. 상대방이 컴퓨터고, 컴퓨터가 이해할 수 있는 언어가 프로그래밍 언어이며, 그 언어로 글쓰기를 하는 것이 바로 코딩이다. 이때 컴퓨터와 이해할 수 있는 언어의 반대되는 개념은 '자연어(Natural Language)'라고 부른다.

일기를 넘어 수필을 쓴다면 어떻게 해야 할까? 단순히 나만 알고 있는 언어로 마구잡이로 적기만 한다면 그것은 여전히 일기일 뿐이다. 수필을 쓴다면 글을 읽는 사람에게 감동을 주고, 공감을 이

끌어내야 한다. 예를 들어 기승전결로 짜임새 있는 글을 구성할 수도 있다. 화제의 시작, 전개, 내용의 전환, 결말 이렇게 4단 구성을 사용하면 독자에게 큰 감동을 줄 수 있다. 또한 문장의 흐름과 표현을 세심하게 다듬어 글의 깊이와 완성도를 높일 수 있다. 문체와 어휘 선택에 신경을 쓰고, 독자의 입장에서 생각해보는 것도 중요하다. 수필은 자기 자신만을 위한 글이 아니라 타인과의 소통을 위한 글이기 때문에 보다 많은 고민과 노력이 필요하다.

프로그래밍은 단순한 일기 작성보다는 수필에 가까운 작업이다. 프로그램의 완성도와 안전성을 높이기 위해 끊임없이 고민하고 관리하는 과정까지 모두 포함된 개념이다. 코딩으로 언어를 나열하는 것을 넘어 프로그램이 효율적으로 동작하는 방법을 모색하고, 동작하던 프로그램에서 문제가 발생했을 때 어떻게 대처할지도 고려해야 한다. 또한 사용자 경험을 향상시키고, 유지·보수성을 높이기 위한 노력도 프로그래밍의 중요한 부분이다. 협업을 위해 코드의 가독성과 구조도 고려해야 한다. 프로그래밍은 단순한 작업이 아니라 예술과도 같은 창의적인 과정이다.

엑셀로 '코딩'과 '프로그래밍'을 비유해보자. 내가 사용하는 엑셀의 기능은 합계(SUM), 평균(AVG) 함수가 전부다. 문서를 작성하는 일이 그다지 많지 않기 때문에 필요한 부분을 살짝 고쳐서 엑셀을 사용한다. 이러한 행위를 개발로 치면 코딩이라고 할 수 있다. 코딩은 보통 '코드를 작성하는 것'을 말한다. 프로그래밍은 '코딩으로 프로그램을 만드는 것'을 말한다. 내가 평소에 사용하는 엑셀이 가벼운 코딩이라면, 앞서 소개한 게임들은 엑셀을 활용해 만든 하나의 프로그램이기에 프로그래밍이라는 표현이 좀 더 적절할 것이다

또 다른 비유를 들어보자. 외국인 친구가 한국어를 배워 소통이 가능해졌다. 언어를 배워 대화하는 법을 터득하고 사용하는 것을 '코딩'에 비유할 수 있다. 그런데 이 친구가 한국어를 열심히 공부하더니 글을 써서 책을 출간했다. 한국어라는 언어로 '프로그래밍'까지 시도한 것이다.

간혹 코딩과 프로그래밍을 동의어로 사용하는 경우가 있지만 실제로는 상당한 차이가 있다. 굳이 단계를 나누자면 코딩은 프로그래밍의 하위 단계라고 볼 수 있다. 프로그래밍은 실행 가능한 프로그램을 만드는 과정이므로 코딩보다 높은 단계에 해당한다. 현업에서는 코딩과 프로그래밍을 명확하게 구분 짓지 않는 경우가 많다. 그러므로 코딩과 프로그래밍을 딱 구분할 필요는 없다. 그때그때 마음에 드는 단어를 사용해도 된다. 하지만 현업에서는 좀 더 짧고 발음하기 좋은 코딩이란 단어를 선호한다. 사실 개발자가 하는 일은 프로그래밍에 가깝지만 말이다.

코딩이든 프로그래밍이든 결국 코드를 작성하는 개념에 대한 상당한 이해가 필요하다. 여기서 프로그래밍은 한 발 더 나아간다. 코딩은 컴퓨터가 제시한 지침에 따라 무언가를 입력하는 일이지만, 프로그래밍은 '테스트' '유지·보수' '설계' 등 보당 다양한 기술을

필요로 한다. 기술뿐만 아니라 '모델링 프로그램' '테스트 도구' 등 사용하는 도구도 다양하다. 프로그래밍의 과정은 다음과 같다.

1. 문제 인식
2. 프로그램 설계
3. 프로그램 구현
4. 테스트와 디버깅
5. 프로그램 유지·보수

프로그래밍이란 무엇인가? 다시 정리해보자면 이렇다. 기획된 요청사항을 인지하고, 알고리즘을 적용해 코딩하고, 오류를 수정하고 요구에 맞는 프로그램을 만드는 과정이다.

프로그래밍은 곧 창조다

개인적으로 프로그래밍을 비유할 만한 단어가 바로 '창조'라고 생각한다. 프로그래밍은 단순히 코드를 작성하는 행위가 아니라, 누군가에게 편리함과 가치를 제공하는 프로그램을 만들어내는 일이다. 마치 예술가가 백지 위에 새로운 작품을 그려내는 것과 같다.

개발자는 머릿속에 떠오른 아이디어를 코드로 옮겨 실제로 동작하는 프로그램으로 탄생시킨다. 상상만 하던 무언가를 프로그래밍을 통해 눈앞에 실현했다면 그것은 진정한 의미의 창조라 할 수 있다. 필자는 여러분도 이런 창조의 세계에 초대되었으면 한다. 프로그래밍을 통해 상상의 나래를 펼치고, 그 상상을 현실로 만드는 기쁨을 함께 느꼈으면 한다. 코딩을 통해 우리의 상상은 현실이 된다. 프로그래밍은 문제를 해결하고 새로운 가능성을 열어주는 도구이며, 코드를 작성하는 순간순간은 곧 새로운 세계를 만드는 일이다.

프로그래밍은 끊임없는 도전과 학습의 연속이다. 새로운 언어와 기술을 배우고, 복잡한 문제를 해결해나가는 과정에서 우리는 더욱 능숙한 창조자가 되어간다. 이처럼 프로그래밍은 우리에게 무한한 가능성을 열어주며, 상상을 현실로 바꾸는 놀라운 힘을 지니고 있다. 여러분도 이 흥미진진한 창조의 여정에 동참해서 코딩의 매력을 직접 경험해보길 바란다.

프로그래머와 프로게이머

롤드컵은 라이엇 게임즈가 개발하고 서비스 중인 게임 '리그 오브 레전드'의 세계 최대 규모의 대회다. 리그 오브 레전드는 전 세계에서 가장 많은 유저를 보유한 인기 게임이다. 총 10명이 2개 팀으로 나뉘어 각자 맡은 포지션에서 레벨을 올리고 경쟁하는 성장형 시뮬레이션 게임으로, 이러한 장르를 'AOS' 또는 'MOBA'라고 한다. 게임의 이름에서 앞 철자를 따서 '롤(LOL)'이라는 약칭으로 불리고 있다.

롤드컵의 정식 명칭은 '리그 오브 레전드 월드 챔피언십'이다. 팬들은 이 대회를 '월드컵'에 '롤'을 붙여 '롤드컵'이라고 부른다. 대회의 인기는 엄청나다. 매해 치러지는 대회마다 신기록을 경신한다. 2024년 롤드컵은 중국을 제외한 지역에서 최고 동시 시청자 수 670만 명을 기록했다. 중국을 포함한 글로벌 분당 평균 시청자 수는 무려 3,300만 명에 달한다.

롤드컵은 프로게이머에게 있어 꿈의 무대다. 우승 시 얻게 되는 엄청난 상금과 명성은 프로게이머의 목표라 할 수 있다. 그렇다면 프로게이머(Professional Gamer)란 정확히 무엇일까? 참고로 필자도 게이머다. 중학교 시절에는 스타크래프트로 학교에서 이름 좀 날렸다. 그런데 아쉽게도 프로가 될 정도는 아니었다. 만약 천재적인 게임 실력을 가졌더라면 필자도 프로게이머가 되지 않았을까?

구글 온라인 챌린지

축구선수에게 월드컵이, 프로게이머에게 롤드컵이 있다면 개발자에게는 구글 온라인 챌린지가 있다. 구글 온라인 챌린지의 개요는 다음과 같다.

Google의 온라인 챌린지는 후보자가 Google의 프로그램 및 채용 프로세스에 참여할 수 있는 공정하고 공정한 기회를 제공하는 플랫폼입니다. 시간제한 온라인 챌린지에 참여함으로써 Google은 지원자의 기술을 더 잘 이해하고 프로그램/채용 프로세스에 대한 통찰력을 제공합니다.

세계 최고의 개발자들이 모이는 곳은 어디일까? '마가(MAGA)'로 불리는 4개 거대 기업, 즉 마이크로소프트(Microsoft), 애플(Apple), 구글(Google), 아마존닷컴(Amazon.com)일 것이다. 그중에서도 최고 중의 최고가 모이는 곳이 바로 구글이라고 생각한다. 세계적으로 뛰어난 인재들이 모여 최고의 기술을 연구하고 개발하는 구글은 말 그대로 꿈의 직장이다. 그렇다면 어떻게 해야 구글에 입사할 수 있을까? 여러 루트가 있겠지만 구글 온라인 챌린지에 도전하는 것도 한 방법이다.

구글 온라인 챌린지는 구글이 뛰어난 인재를 선발하기 위해 마련한 프로그램이다. 이 프로그램을 통해 구글은 프로그래밍 실력뿐만 아니라 문제 해결력, 창의력 등을 평가하며 우수한 성과를 거둔 지원자에게 입사 기회를 제공한다. 이 챌린지는 개발자들 사이에서 매우 유명하며 많은 사람이 이를 통해 구글 입사를 꿈꾼다.

도전 방법은 다음과 같다. 먼저 영문 이력서를 작성해야 한다. 학력, 관련 활동, 동아리 활동, 스킬, 자기소개 등을 상세하게 기재하고 자신의 역량을 충분히 드러내야 한다. 서류 합격자에게는 구글 온라인 챌린지에 대한 이메일이 한 통 도착한다. 이메일에 있는 테스트 참가 링크를 클릭하면 그 순간부터 개발자의 꿈의 무대인 구글 코딩 테스트가 시작된다. 여기서 합격한 사람은 구글러에 한 걸음 가까워질 것이다.

프로그래머의 세계에 오신 걸 환영합니다

프로그래머란 무엇일까? 아주 쉽게 설명하면 코딩을 잘하는 사람을 프로그래머라고 부른다. 프로그래머는 단순히 코드를 작성하는 것을 넘어 문제를 해결하고 아이디어를 현실로 구현하는 사람이다. 누구나 게임을 할 수 있지만 아무나 프로게이머가 될 수 없는 것처럼, 누구나 코딩을 배울 수 있지만 아무나 프로그래머가 될 수는 없다. 프로게이머가 되기 위해 뛰어난 게임 실력과 꾸준한 연습이 필요하듯이, 프로그래머가 되기 위해서는 코딩을 잘해야 하고 끊임없이 학습하고 성장해야 한다. 결국 코딩 실력이 뛰어나야 프로그래머가 될 수 있다.

"고코더님! 그럼 구글 온라인 챌린지에 합격해야 프로그래머일까요?"

다행히 프로그래머를 정의하는 기준이 그렇게 높은 것은 아니다. 프로그래머는 단순히 뛰어난 코딩 실력을 가진 사람뿐만 아니라, 코딩을 통해 수익을 창출하는 사람을 포함한다. 즉 코딩을 하며 돈을 벌고 있는 사람이라면 프로그래머라고 부를 수 있다. 만약 직업적으로 개발 업무를 하고 있다면 우리는 그 사람을 프로그래머라고 부른다.

필자 역시 기업에 소속되어 급여를 받으며 코딩을 하고 있으니 당연히 프로그래머라고 할 수 있다. 마찬가지로 여러분도 코딩 실력을 인정받아 그 대가로 돈을 벌고 되면 역시 프로그래머라 할 수 있다. 결국 프로그래머란 단순한 취미활동이 아닌, 코딩을 통해 가치를 창출하고 그에 대한 보상을 받는 직업적 역할을 수행하는 사람을 의미한다.

프로그래머가 되고 싶은가? 그렇다면 이 멋진 세계에 온 것을 진심으로 환영한다. 프로그래밍의 세계는 정말 흥미롭고 매력적이다. 필자는 개인적으로 게임을 하는 것보다 프로그래밍을 하는 것이 훨씬 더 재미있다고 느낀다. 세계적인 대회인 롤드컵보다 더 큰 경쟁과 도전의 세계가 우리를 기다리고 있다.

프로그래머가 된다는 것은 개발자라는 팀의 선수가 되어 서로 협력하며 훌륭한 프로그램을 만들어가는 큰 대회에 참여하는 것과 같다. 혼자서 코드를 작성하는 것에 그치지 않고, 다른 개발자와 함께 머리를 맞대고 문제를 해결하며 좋은 결과물을 만들어내는 과정은 정말 놀라운 경험이다.

흥미진진한 프로그래밍의 세계에 참여해서 멋진 디지털 세상을 만드는 데 함께 힘을 보태고 성취감을 느껴보기 바란다. 이 세계는 무한한 가능성이 있다. 여러분이 만들어나갈 멋진 미래를 기대하고 있다.

개발자가 되고 싶어요

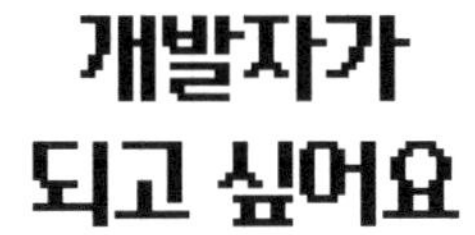

"개발자가 되고 싶은데…."

오늘도 어김없이 친구의 친구라는 사람이 말을 걸어왔다. 한 달에 한 번, 많을 때는 주에 한 번 개발자가 되고 싶다는 사람들이 찾아와 질문을 쏟아낸다. 대부분 카카오톡 메시지로 대화를 걸어온다. 오프라인에서 만나는 경우도 종종 있다. 20대 어린 친구들이 많아서 상담을 해주고 밥도 사주는 경우가 많다. 시간도 빼앗기고 돈도 나가지만, 누군가의 도전과 성장을 돕는 일이라면 충분히 의미 있다고 생각한다.

이런 상담 사례를 모아 엮은 것이 바로 2021년 출간된 『오늘도, 우리는 코딩을 합니다』라는 책이다. 이후로 관련 상담은 더 많아졌다. 어제도 낯선 인스타 DM으로, 대학 진학에 실패했지만 개발자가 되고 싶다는 21세 청년의 긴 사연이 도착했다. 상담이 끝날 즈음, 대부분은 개발자가 되겠다는 결심을 굳히고 간다. 사실 단 한 명도 개발자를 포기한 사람은 없었다. 그들에게 개발자는 마치 거친 사막 속에서 만난 오아시스와 같은 대단한 발견처럼 보였다.

개발자를 꿈꾸는 사람들에게 항상 말한다. 그 꿈은 멀지 않다고. 필자는 IT 현장에서 10년 넘게 일한 시니어 개발자다. 이 직업을 선택하고 후회한 적은 한 번도 없었다. 어쩌면 만족도가 지나치게 높아서 같은 업계 사람들에겐 비현실적인 낙관처럼 비칠 수도 있다. 이 글은 어디까지나 현장에서 직접 느끼고 경험한 것을 바탕으로 한 주관적인 이야기다. 객관적인 데이터가 아닌 점을 미리 밝힌다. 개발자라는 직업의 장점은 다음과 같다.

1. 낮은 진입장벽

개발자는 누구에게나 열려 있다. 한 가지 예를 들어보겠다. 나라는 적극적으로 개발자를 양성하기 위해 '국비지원'이라는 제도를 실행하고 있다. 이 제도로 학원을 다니면 무료로 수강할 수 있을 뿐만 아니라 훈련비라는 명목의 소정의 돈까지 받을 수 있다(국비지원에 대한 자세한 부분은 후술할 예정이다). 즉 언제든지 공짜로 코딩을 배우고 돈도 벌 수 있다는 것이다. 물론 학원만 다닌다고 해서 저절로 개발자로 거듭날 수 있는 것은 아니다. 스스로의 노력과 적성이 맞아야 한다. 짧은 연수 과정을 끝내고 취업 포털사이트에 이력서를 올려두면 놀라운 상황을 맞이한다. 정말 많은 회사에서 면접 제의가 들어온다. 그저 공짜로 열심히 학원을 다녔을 뿐인데 말이다.

그만큼 개발자라는 직업의 수요는 높다. 디지털 전환은 오늘날 기업들의 피할 수 없는 숙제다. 2020년대 초반 코로나19 팬데믹을 계기로 가속화된 디지털화는 2025년 현재까지 지속적으로 IT 인력 수요를 창출하고 있다. 특히 인공지능과 클라우드 기술이 보편화되면서 이 분야의 전문 개발자 수요가 급증하고 있다. 2025년 기준으로 한국에서는 AI 엔지니어와 클라우드 아키텍트 등 특화된 분야에서 개발자가 부족한 상황이다. 그만큼 개발자 품귀 현상으로 곤란을 겪고 있는 회사는 아직도 있다. 물론 AI의 급속한 발전으로 인해 일부 개발 분야에서는 매년 일자리가 줄어드는 것을 체감하고 있다. 최근 수년간 글로벌 테크 기업들의 구조조정으로 채용 시장이 다소 변화했지만, 특화된 기술을 보유한 개발자에 대한 기업들의 수요는 여전히 높다.

이처럼 개발자의 진입장벽은 상대적으로 매우 낮다. 이런 상황이 언제까지 지속될지는 모르겠지만 지난 10년간 항상 개발자는 부족했고, 미래에도 부족할 것이라고 생각한다.

2. 자유로운 근무환경

네이버와 카카오는 2022년 7월 4일부터 원격근무 체제로 전환했다. 네이버는 아직까지 반기에 한 번씩 자신이 속한 조직과 프로젝트 상황 등에 따라 근무 형태를 선택할 수 있는 '커넥티드워크' 제도를 유지하고 있고, 카카오는 2023년 3월부터 출근을 원칙으로 하되 일부 재택을 허용하는 식으로 바뀌었다.

원격근무는 정말 축복이다. 소위 '지옥철'을 타고 1시간 넘게 출근해야 하는 번거로움이 없고, 눈치 보며 퇴근하는 일도 없다. 피곤하면 잠깐 누워서 쉬고 다시 일어나 일을 할 수도 있다. 아이를 키우는 집이라면 육아와 일을 병행할 수 있어 가족이라는 공동체에도 긍정적인 영향을 미친다. 개발자는 컴퓨터와 함께 있다면 어디든 일터가 될 수 있다. 즉 장소에 대한 제약이 높지 않은 직종이다. 필자도 코로나19 때는 1년 넘게 주 4일 재택근무를 실시했다. 처음에는 집중도 되지 않고 효율도 나지 않았지만 금세 적응했고 높은 성과를 이루게 되었다.

IT 업계라고 모든 회사가 재택근무를 권장하는 것은 아니다. 일부 회사는 코로나19 시기에도 재택근무를 실시하지 않았다. 하지만 개발자라는 직업은 기본적으로 컴퓨터로 코드를 작성하는 직업이기 때문에 원격근무가 가능한 직무다. 그러므로 다른 서비스 직종보다는 근무 공간의 자유가 허락될 확률이 높다.

친한 선배 개발자는 제주도에 상주하면서 서울에 있는 회사와 원격으로 일하고 있다. 아침, 저녁으로 제주도의 아름다운 풍경을 보며 코딩을 하고 있는 셈이다. 모두에게 해당되지 않겠지만 개발자는 원초적으로 원격근무가 가능한 직업이다. 좀 더 가까운 미래에는 개발자가 출근하지 않는 직업으로 인식이 바뀔 수 있겠다는 생각이 든다.

3. 높은 보상

"개발자는 돈을 많이 벌 수 있다"라고 말하면 현장에서 일하고 있는 일부 개발자는 이렇게 반론할 것이다. "에이, 무슨 돈을 많이 줘?" 하지만 필자는 자신 있게 말할 수 있다. 실력과 경험을 갖춘 개발자는 경제적으로 안정된 보상을 받을 수 있다. 연봉제를 택한 기업에서는 통상적으로 개발자에게 좀 더 많은 급여를 제공한다. 과거 필자가 다닌 회사에서도 일반 사무직군보다 개발자는 좀 더 많은 연봉을 받았다. 물론 개인 능력에 따라 다르겠지만 희소성이 있는 직군이기에 연봉 협상에서도 유리한 측면이 있다. 그렇기 때문에 연봉제를 택한 회사에서도 개발자는 좀 더 높은 연봉을 받을 수 있다.

그리고 개발자가 돈을 벌 수 있는 다양한 방법이 존재한다. 한 가지 예를 들면 '프리랜서 개발자'로 일할 수 있다. 일명 프리랜서만 되어도 꽤 많은 수익을 벌 수 있다. 물론 4대보험과 복지를 경험할 수는 없지만 두둑한 현금을 받을 수 있다. 이 프리랜서에 대해서도 후술할 예정이다.

그리고 창업에 있어 개발자는 아주 유리한 고지를 점령하고 있다. 스타트업의 기본은 서비스를 만드는 것이다. 그 서비스는 대부분 온라인에서 운영된다. 즉 개발자는 앱과 웹사이트를 이용해 비교적 쉽게 창업할 수 있다. 개발자는 사업을 시작함에 있어서 스스로 서비스를 구축할 수 있기 때문에 매우 유리하다. 물론 사업은 실패할 수 있지만 서비스를 스스로 구축할 경우 설계비용이 들지 않는다는 장점이 있다. 운이 좋아 사업에 성공하기라도 한다면 정말 많은 돈을 벌 수 있다. 모든 개발자가 좋은 임금을 받을 수 있는 것은 아니다. 하지만 실력만 있다면 몸값을 정직하게 올릴 수 있는 몇 안 되는 직업이다.

개발자라는 직업의 장점을 신나게 늘어놓았다. 하지만 진짜 장점은 따로 있다. 필자는 초등학교 6학년 때까지 자전거를 타지 못했다. 친구들이 자전거를 타고 동네 일주를 할 때 동네 슈퍼에서 멍하니 그 모습을 바라봤다. 어느 날 의지가 불타올라 형의 자전거를 몰래 빌려 운동장에서 정말 열심히 넘어졌다. 그런데 신기하게 어느 순간 중심을 잡을 수 있게 되었고 손에 힘을 주지 않아도 자전거를 운전할 수 있게 되었다. 그렇다. 드디어 자전거를 탈 수 있게 된 것이다. 그 짜릿함은 아직도 선명하다. 무언가를 열심히 해서 완주하는 기분은 인간이 느낄 수 있는 최고의 보상이 아닐까? 개발자가 되면 그런 보상을 매일 느낄 수 있다.

당신이 짜는 코드가 아름답게 시스템과 맞물려 완벽하게 돌아갈 때의 그 기쁨. 그것을 당신이 꼭 누렸으면 한다. 코드의 각 줄이 서로 유기적으로 연결되어 예상한 대로 작동하고, 복잡한 문제가 해결되는 순간의 성취감은 말로 표현하기 어려울 정도로 크다. 자신의 아이디어가 현실로 구현되고, 그것이 타인의 삶에 변화를 가져오는 과정을 경험해보기 바란다. 매우 값진 일이다.

관건은 용기

당신도 개발자가 되길 바라며 필자의 마음을 열심히 설명했다. 물론 개발자 지망생에게는 여전히 멀고 먼 이야기일 뿐이다. 여전히 망설이고 있을지도 모른다. '컴퓨터를 정말 잘해야 하지 않을까?' 하는 걱정도 든다. 무엇보다 똑똑한 두뇌, 빠른 타자 실력, 그리고 영화 〈매트릭스〉 속 천재 프로그래머처럼 복잡한 코드를 순식간에 해석하는 능력이 있어야 할 것 같다는 생각에 선뜻 도전하지 못한다. 하지만 비전공자에서 개발자로 나아가는 첫걸음에 가장 필요한 건 컴퓨터 능력도, 타자 속도도 아닌 바로 '용기'다.

복잡해 보이는 코딩의 규칙도 사실 사람이 만든 것이다. 최대한 개발자들을 배려해서 이해하기 쉽도록 창조되어 있다. 그러므로 사용법을 익히면 어느 정도 재미가 붙고 이해도 쉽다. 예를 들어 '라면 요리사'가 되고 싶다면 무엇부터 해야 할까? 인스턴트라면 조리법부터 익혀야 한다. 처음부터 밀가루를 반죽해 면을 뽑고 육수를 우려내어 수제라면을 만들기는 정말 어렵다. 인스턴트라면을 끓이는 게 우선일 것이다. 개발자도 마찬가지다. 코딩이란 라면은 준비되어 있다. 디지털 코드 0과 1을 이용해서 창조적인 언어부터 만들어내는 것이 아니다. 매뉴얼에 상세히 적힌 프로그래밍 언어의 사용법을 익혀서 맛있는 인스턴트라면을 끓이면 된다. 누구나 라면을 끓일 수 있는 것처럼 코딩도 그렇다. 따라서 코딩이란 라면을 끓이기 위해서 준비해야 하는 것은 바로 '용기'다.

용기란 무엇인가? 무엇을 하고자 하는 '의지'다. 용기가 부족한 겁쟁이처럼 구는 것과 용기를 내서 도전하는 것 중 무엇이 더 힘들까? 개인적으로 두려움이 더 피곤하고 힘들다고 생각한다. 겁쟁이처럼 피하고 외면하는 것은 순간의 평온을 주지만, 결국 가장 무겁고 아픈 선택이 된다. 차라리 용기를 내는 것이 낫다. 용기는 마음의 힘을 북돋고 눈앞에 놓인 상황에 집중하도록 만든다. 용기는 우리를 좋은 길로 이끄는 반면, 두려움은 마음을 갈기갈기 흩트려서 결국엔 목표에서 멀어지게 만든다.

용기를 가진 사람은 두려워하지 않는다. 당신은 가능성이 무궁무진한 사람이다. 왜냐하면 출발하지 않았기 때문이다. 두려움에

사로잡히면 '출발'이 없다. 두려움이라는 독사가 내 발목을 물었다면 어서 떼어버려야 한다. 코딩이라는 세계가 복잡다단하게 느껴지고 무섭고 두려운가? 마음의 주인은 우리다. 자신감을 가지고 용기를 가지는 것이 개발자가 되기 위한 첫 번째 발걸음이다.

용기를 이용해 첫걸음을 내딛자. 첫걸음의 보폭은 아주 좁다. 정말 딱 한 걸음이라고 생각면 된다. 아이가 한 발, 두 발 떼면서 걷는 법을 배우는 것처럼, 개발자로 나아가는 길도 그렇게 조심스러운 첫걸음에서 출발한다. 첫걸음을 떼면 자연스럽게 두 번째, 세 번째 걸음이 이어진다. 그래서 첫걸음을 떼는 것이 매우 중요하다. 이 책에서는 그 첫걸음을 떼는 여러 방법에 대해 이야기할 것이다.

필자의 어릴 적 꿈은 개발자와 작가였다. 운 좋게도 지금은 두 꿈을 이루며 살고 있다. 그중 작가란 꿈은 정말 그냥 첫걸음을 뗐을 뿐인데 지금의 자리까지 오게 되었다. 이 책을 포함해 벌써 5권의 책을 출간했다. 에세이, 교양서, 어린이 등 종류도 다양하다. 문예창작과는커녕 글을 제대로 써본 적도 없는데 전업작가만큼 책을 내고 있다. 그리고 지금도 출판사를 통해 책을 내자는 제안을 받고 있다. 참으로 신기한 일이다.

필자가 작가가 된 비법은 단 하나다. '브런치스토리'라는 플랫폼에 글을 올렸을 뿐이다. 하룻강아지 범 무서운 줄 모른다고 처음에는 30분 만에 머릿속에 맴도는 생각을 되는 대로 썼다. 그 글이 '금주의 글'로 뽑히면서 1시간 만에 구독자 1천 명을 달성했다. 이후로는 순탄했다. 글만 쓰면 100개가 넘는 '좋아요'가 쌓였다. 글이 쌓이니 여러 출판사를 통해 연락이 왔다. 그저 첫걸음을 떼었을 뿐인데 출간까지 정말 순식간에 이뤄졌다.

개발자라는 길도 첫걸음을 내딛는 것이 무척 중요하다. 그저 한쪽 발을 조심스럽게 내디뎌서 몸의 중심을 이동했을 뿐인데 자연스럽게 체중이 쏠리면서 계속해서 전진하게 된다. 필자가 개발자가 된 과정도 그렇다. 물론 개발자가 되기 위해서 최선의 조건은 있다. 컴퓨터공학과를 졸업하고, 머리가 똑똑하고, 조기교육까지 잘 받은 사람이라면 유리할 수 있다. 시작점에서 차이가 있으니 다소 불리하게 느껴질 수도 있다. 하지만 인생은 모르는 일이다. 그저 글 하나 남겼을 뿐인데 수년 만에 여러 책을 출간한 고코더라는 작가처럼, 당신도 개발자로 입문했을 뿐인데 어느새 굴지의 대기업에서 프로젝트를 이끄는 메인 프로그래머가 되어 있을지도 모른다. 그렇기에 망설이지 말고 그냥 시작해보는 것이 좋다. 시작이 반이라는 말도 있듯이 첫걸음을 내딛는 것만으로도 큰 가능성이 열릴 것이다.

"항상 가장 큰 노력이 필요한 것이 바로 모든 일의 시작이다."

미국의 사업가 제임스 캐시 페니(James Cash Penny)의 말이다. 가난한 농장에서 12명의 자녀 중 일곱 번째였던 페니는 1902년

4월 14일 2명의 동업자와 함께 와이오밍주의 케머러라는 작은 마을에서 첫 가게인 포목점을 열었다. 가게의 이름은 '황금률 가게(Golden Rule Store)'였다. 그렇게 시작된 작은 한 걸음은 17년 뒤 미국 전역에 1,400개의 백화점을 세우는 놀라운 결과로 이어졌다.

이 책은 코딩이라는 여정의 출발선에 선 여러분을 위한 안내서다. 어쩌면 책장을 넘기는 그 순간, 첫걸음은 이미 시작되었을지도 모른다.

한 걸음 쉬어가기

사이버 한일전? 디도스 대첩

2010년 3월 1일, 한국과 일본 사이에 거대한 전쟁이 벌어졌다. 바로 온라인에서 벌어진 디도스 대첩이다. 한국 대표 커뮤니티 '디시인사이드'와 일본 대표 커뮤니티 '2ch'을 중심으로 사이버 테러전이 일어났다. 그런데 전문가도 아닌 두 집단이 어떻게 서로를 공격할 수 있었을까? 일명 '디도스(DDoS)' 공격을 통해서다.

한국 네티즌은 3월 1일 13시에 2ch 사이트에 들어가 공격을 퍼부었다. 한쪽 팀은 게시판을 도배하고, 다른 한쪽은 키보드 'F5'를 연타하는 방식으로 공격했다. 'F5'가 무엇이냐고? 인터넷 브라우저에서 '새로고침'으로 지정된 단축키다. 쉽게 말해 사이트에 접속해

F5를 누르면 새로고침이 시작된다. 그러면 서버는 새롭게 데이터를 전송해야 하고, 그 과정에서 부하가 발생한다. 한 사람이 접속했지만 F5를 여러 번 눌러 마치 수백 명이 방문한 것처럼 서버를 속이는 것이다.

결과는 성공적이었다. 한국 네티즌의 디도스 공격이 13분 동안 이어진 결과, 2ch 사이트의 서버 5개가 다운되었다. 메인 페이지에는 트래픽 초과로 인한 접속 불가 화면이 떴다. 일본 네티즌의 반격이 이어졌지만 2ch 사이트는 8시간 동안 서버가 다운되었고, 한국의 승리로 끝났다.

디도스란 말을 뉴스에서 들어본 기억이 있을 것이다. 서비스를 방해하기 위해 서버 네트워크에 대량의 트래픽을 유발하는 악의적인 사이버 공격 방식이다. 위에서 설명한 F5 연타는 초보적인 수동 공격이다. 디시인사이드처럼 인해전술로도 가능하지만 해커들은 좀 더 우아한 방법을 쓴다. 그들은 일명 '좀비 PC'를 만들기 위해 멀웨어를 감염시킨다. 감염된 컴퓨터들은 자신도 모르게 특정 서버에 접속을 시도하며 사이버 공격에 참여하게 된다. 대단하지 않은가? 해커들은 손에 땀 한 방울 흘리지 않고 공격을 진행한다.

그런데 왜 이런 공격을 일삼는 걸까? 이유는 영악하다. 해커는 이를 통해 금전적인 이득을 취한다. 공격한 사이트에 연락해 일정 금액을 주는 대가로 공격을 멈추기도 한다. 혹은 경쟁 업체의 의뢰를 받아 악의적으로 공격을 퍼붓기도 한다. 실제로 2008년 국내

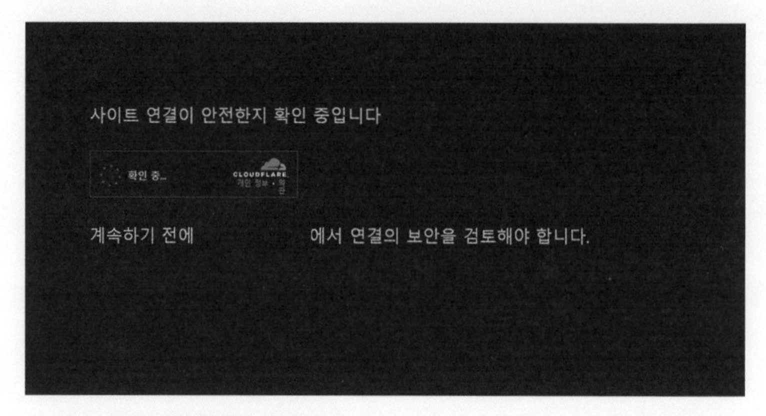

Cloudfare 디도스 공격 방어 시스템

최대 아이템 거래 중개 사이트가 12차례 디도스 공격을 당했고, 공격을 중단하는 대가로 돈을 요구받았다. 그 결과 무려 1천억 원의 피해를 입었다.

그렇다면 이 무서운 디도스 공격은 어떻게 방어할 수 있을까? 요즘 인터넷 사이트에 접속해보면 '사이트 연결이 안전한지 확인 중입니다' 하는 메시지를 심심치 않게 볼 수 있다. 그리고 잠깐의 기다림을 강요한다. 간혹 의심되는 대상에게는 '사람인지 확인하겠습니다'라며 퀴즈를 내기도 한다. 이용자 입장에선 귀찮지만 이러한 절차는 디도스 공격을 방어하는 방법 중 하나다. 일종의 디도스 방어 시스템이다. 이를 통해 사이트는 무시무시한 디도스 공격을 쉽게 방어할 수 있다.

그렇다면 다른 대형 사이트는 어떤 방식으로 디도스를 방어할까? 고객을 기다리게 하고 불편하게 하는 것은 좋은 방법이 아닐 것이다. 좀 더 우아한 방법이 있는데, 바로 'AWS Shield'다. 아마존은 자사 사이트를 보호하기 위해 AWS Shield라는 서비스를 개발했다. 디도스를 방어하고 싶다면 그냥 이 서비스에 가입하기만 하면 된다. 그러면 네트워크 아키텍처를 변경하지 않고도 디도스 공격을 방어할 수 있다. 여기서 주의할 점은 이 서비스가 공짜가 아니라는 것이다. 'AWS Shield 스탠다드'는 무료로 제공되지만, 'AWS Shield 어드밴스드'는 월 3천 달러의 요금이 발생한다.

'화이트 해커'라는 이름을 들어본 적이 있는가? 이들은 해킹 시도를 방어하는 해커를 뜻한다. 정보보안 전문가로서 악의적인 해커가 시스템을 해킹하지 못하도록 다양한 방법을 연구하고 개발한다. 해커가 '창'이라면 화이트 해커는 그에 대응하는 '방패'라고 할 수 있다. 이들은 매일 온라인상에서 보이지 않는 사이버 대첩을 치르고 있다. 오늘도 2010년 한일 간의 사이버 대첩보다 더 치열한 전쟁을 치르고 있을 것이다.

우리가 안전하고 편리하게 시스템을 사용할 수 있도록 오늘도 땀 흘리는 IT 전문가들에게 박수를 보낸다. 이들의 노력 덕분에 우리는 개인정보부터 국가의 기밀까지 소중한 데이터를 보호받고 있다. 개발자를 꿈꾸는 여러분은 어느 쪽에 서고 싶은가? 악의적인 공격을 막아내는 방패가 되어 사이버 세상을 지키고 싶은가, 아니면 그 반대의 일을 하고 싶은가? 선택은 여러분의 자유다.

2장.

할 수 있다, 개발자!

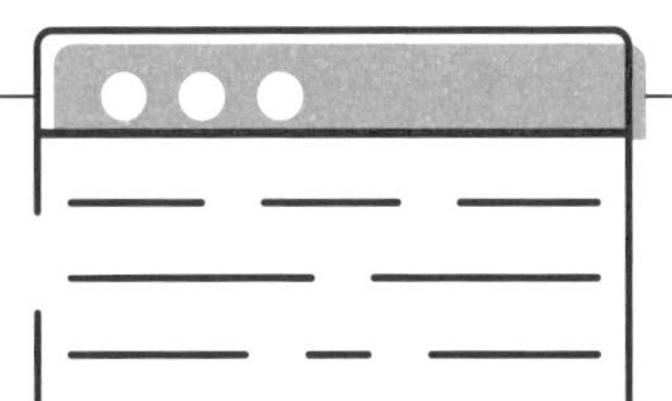

비전공자에게 국비지원은 SPA

옷을 구매하기 전에 꼭 확인해야 하는 것이 있다. 첫 번째는 브랜드다. 나와 잘 맞는 브랜드를 찾는 것은 성격과 취향을 자연스럽게 드러내는 방법 중 하나다. 두 번째는 소재다. 필자는 피부에 자극을 주지 않는 면을 좋아한다. 천연섬유로 흡수성과 통기성이 뛰어나고 몸에 닿는 느낌이 좋기 때문이다. 세 번째는 가격이다. 아무리 좋은 옷일지라도 가격이 너무 비싸면 부담스럽다. 비싼 옷 한

벌보다 저렴하고 예쁜 옷 여러 벌을 사는 게 이득일 수 있다. 이런 모든 것을 적절히 충족시킬 만한 선택지가 있다. 바로 SPA 매장을 방문하는 것이다. SPA 매장은 적당한 브랜드, 작당한 가격, 안정적인 품질을 보증한다. 적당히 할인된 가격에 옷을 판매해 가성비가 좋다. 물론 패션에 빠삭하고 관심이 많다면 싫을 수 있지만 패션에 큰 관심이 없다면 실패 확률이 굉장히 낮은 곳이다.

비전공자에게 국비지원 교육은 SPA 매장을 이용하는 것과 같다. 사람들이 붐비는 거리로 나가보면 '○○IT 아카데미'라는 간판을 본 적이 있을 것이다. 이런 종류의 학원은 SPA 매장만큼 전국에 골고루 분포되어 있다. 번화가에 있는 대부분의 컴퓨터 학원에서 국비지원 과정을 진행한다고 보면 된다. 나라에서 지원을 받고 운영하기 때문에 적당한 품질을 유지하고 가격 또한 저렴하거나 무료다. 때로는 훈련비라는 명목으로 오히려 돈을 받을 수도 있다. 어쩌면 SPA보다 더 쉽고 간편하게 개발자가 되기 위한 쇼핑을 할 수 있는 곳이다. 국비지원 학원은 실제로 연간 수만 명에 달하는 개발자를 배출하고 있다.

국비지원이란 구직자와 근로자 모두에게 일정 금액의 국비를 지원해 인적자원 개발을 장려하는 고용노동부에서 주관하는 사업이다. 국비지원의 주된 목적은 국내 실업자를 줄이고 중소기업에 필요한 인력을 공급하는 데 있다. 이를 통해 실업률 감소와 중소기업 성장, 그리고 국가 경제 활성화에 기여하고자 한다. 만15세 이상이라면 누구나 국비지원 혜택을 받을 수 있으며, 실업자뿐만 아니라 현재 직장을 다니고 있는 재직자도 지원 가능하다.

국비지원 제도는 실업자나 재직자가 정부에서 지정한 교육기관에서 훈련받을 때 훈련비를 전액 혹은 일정 부분 지원해주는 제도다. 구직자에게는 더 나은 기회를 제공하고, 재직자에게는 능력을 더욱 발전시킬 수 있도록 돕는 역할을 한다. 예를 들어 실업자가 IT 관련 기술을 배우고 싶다면 국비지원을 통해 교육비 부담 없이 지정된 교육기관에서 학습할 수 있다. 이처럼 국비지원 제도는 취업을 원하는 사람이나 경력 발전을 희망하는 사람에게 나라에서 제공하는 실질적인 지원이다.

국비지원으로 받을 수 있는 교육 프로그램의 종류는 매우 다양하다. 요리, 바리스타, IT, 전기, 디자인 등 산업 전반에 걸친 다양한 분야에서 국비지원 교육이 제공되고 있다. 개인의 적성과 흥미에 따라 여러 가지 선택지가 있다. 이로 인해 새로운 직업을 찾고 싶거나 현재 직무와는 다른 분야에서 새로운 기술을 익히고자 하는 사람에게 큰 도움이 된다. 쉽게 말해 국비지원을 통해 '돈을 받으면서 개발자가 될 수 있는 학원'에 다니는 것이 가능하다. IT 분야로 진로를 설정하고 싶은 경우 프로그래밍, 네트워크와 같은 과정을 국비지원으로 들을 수 있다. 이러한 교육은 고용노동부에서 지정한 신뢰할 수 있는 기관에서 진행되므로, 교육의 질 또한 보장된다.

국비지원은 단순한 교육비 지원을 넘어서 취업 연계 기회도 제공한다. 예를 들어 교육을 마친 수강생이 현장에서 실습을 진행하거나 인턴십을 통해 실무 경험을 쌓을 수 있다. 또한 국비지원 교육을 통해 얻게 되는 기술과 자격증은 실질적인 취업 경쟁력을 높여주며, 특히 중소기업에서 필요로 하는 직무능력을 강화하는 데 중점을 두고 있다. 국비지원은 개인의 취업 기회를 넓히고, 중소기업의 인력 수급 문제를 해결하는 데 있어 중요한 역할을 하고 있다.

고용24(www.work24.go.kr)에 방문하면 국비지원 교육 제도에 대한 정확한 정보를 확인할 수 있다. 이 사이트를 통해 정부에서 제공하는 다양한 직업훈련 프로그램과 지원 제도를 한눈에 볼 수 있다. 여기서 중요한 것은 국민내일배움카드다. 이 카드는 과거 분리 운영되었던 실업자 내일배움카드와 재직자 내일배움카드를 하나로 통합한 것으로, 직업훈련을 원하는 대상자라면 누구나 활용할 수 있다. 국민내일배움카드 비대상자는 다음과 같다.

1. 공무원, 사립학교 교직원
2. 75세 이상인 사람
3. 대규모 기업 근로자로서, 월 임금 300만 원 이상이고, 만45세 미만인 사람
4. 월소득 500만 원 이상의 특수형태근로종사자
5. 사업기간이 1년 미만이거나 월소득이 300만 원 이상인 법인 대표
6. 사업기간이 1년 미만이거나 연매출 4억 원 이상의 자영업자

7. 월소득이 300만 원 이상인 비영리단체 대표
8. 졸업까지 남은 수업연한이 2년 이상인 대학·대학원 재학생, 고등학교 1~2학년생
9. 생계급여를 받고 있는 사람
10. 다른 부처 또는 지방자치단체로부터 교육·훈련비를 지원받고 있는 사람
11. 지원·융자·수강제한 기간인 부정수급자
12. 부정행위에 따른 지원금을 반환하지 않은 사람
13. 기타 지원 필요성이 인정되지 않는 사람

따라서 위에 언급된 사항에 해당하지 않는다면 누구나 국비지원 혜택을 받을 수 있다. 이는 특별한 제한 없이 원하는 개발자 양성 프로그램에 참여할 수 있다는 뜻이다.

좋은 국비지원
학원은 없다

국민내일배움카드를 준비했다면 이제 원하는 학원을 찾아 결제를 하면 된다. 온오프라인으로 신청 가능하며, 이로 인해 매우 편리하게 국비지원 교육을 시작할 수 있다. 좋은 국비지원 학원을 찾는

방법이 고민인가? 필자가 여러 국비지원 학원을 다니면서 내린 결론은 이렇다. '집에서 가까운 학원'이 가장 좋다. 기대와 다른 대답처럼 들릴 수 있지만 현실적으로 위치가 가장 중요하다. 집이나 직장에서 가까운 학원은 오가는 시간이 절약된다.

학원마다 차이는 있을 수 있지만 대체로 국비지원 학원의 교육 과정은 표준화된 커리큘럼으로 운영되는 경우가 많다. 정부 지원 프로그램의 특성상 기본적인 개발 지식 전달에 중점을 두고 있으므로, 기초 학습을 받을 기회로 여길 필요가 있다. 고가의 부트캠프나 특화된 학원과는 교육 목표와 깊이에 차이가 있음을 인지하고, 자기주도적 학습으로 보완하는 것이 효과적이다. 결국 국비지원 학원에 다니는 것은 개발자가 되기 위한 의지를 보여주는 하나의 과정일 뿐이다. 진정한 학습을 위해선 어느 정도 독학이 필요하다. 대학 입시에서 수업만으로는 부족하듯, 개발자가 되기 위해서도 자율적인 학습이 꼭 필요하다.

오가는 시간을 최소화하기 위해 집에서 가장 가까운 학원을 선택하는 것을 추천한다. 국비지원을 SPA 매장에 비유한 이유는 SPA 매장 어디를 가더라도 동일한 상품을 판매하는 것처럼, 국비지원 학원도 특별한 경우가 아니라면 대부분 동일한 수업과 커리큘럼을 제공하기 때문이다. 가까운 학원에 등록하고 남는 시간을 자율학습에 투자하는 것이 올바른 방법이다. 국비지원 학원을 통해 필요한 기본기를 쌓고, 자율학습을 통해 노력을 더하는 것이야말로 성공적인 개발자가 되는 지름길이다.

여기서 유치한 잔소리를 하나 하자면 국비지원 학원에서 코딩을 배울 때는 매일매일 복습과 예습을 철저히 해야 한다. 진도를 잘 따라가는 것이 무엇보다 중요하다. 코딩 학습은 새로운 개념과 기술이 연속적으로 이어지기 때문에 하루라도 소홀히 하면 뒤처지기 쉽다. 오늘 배운 내용을 완벽히 이해하지 못하면 내일 배울 내용에 혼란이 생기고, 전체 학습 과정에 지장을 줄 수 있다. 마치 달리는 기차에 올라타는 것과 같아서, 기차가 출발하기 전에 미리 준비하고 타이밍을 맞춰야 목적지까지 편안하게 갈 수 있다. 만약 준비 없이 급하게 뛰어들면 기차를 놓치거나 다칠 수 있기 때문에 철저한 복습과 예습이 필요하다.

국비지원 학원을 수료하면 그 자체로도 이력서에 한 줄을 채울 수 있는 스펙이 된다. 수료증 하나만으로도 개발자 교육을 받았다는 증명이 되기 때문에 IT 기업에 취업할 기회를 얻을 수 있다. 학원의 교육과정이 시시하고 재미없을 수 있지만, 공대를 나오지 않은 비전공자에게는 매우 중요한 이력이 될 수 있다. 수료증만 있어도 개발자로서 첫걸음을 뗄 수 있는 셈이다. 하지만 대기업이나 유명 테크 기업의 신입으로 바로 취업하는 것은 쉽지 않은 일이다. 코딩 테스트에 자신이 있다면 도전해볼 만하지만, 6개월 국비지원 교육 이력만으로는 채용 기준을 충족하기가 쉽지 않다. 그러므로 국비지원 과정을 수료했다면 우선 중소기업에 취업해 실무 경험을 쌓는 것을 추천한다. 실무에서 점차 경험을 쌓다 보면 어느새 대기업에 도전할 수 있는 실력을 갖추게 될 것이다.

국비지원은 개발자 양성에 큰 도움이 되는 제도다. 앞으로 개발자가 되는 다양한 방법을 논하겠지만, 그중에서 가장 추천하는 방법은 국비지원 학원을 통해 개발자로 데뷔하는 것이다. 필자 역시 국비지원 학원 출신이며, 그 경험이 개발자가 되는 큰 밑거름이 되었다.

방구석에서 개발자가 될 수 있을까?

"창업할 때 다니던 직장을 계속 다니는 게 나을까, 아니면 그만두는 게 나을까?"

경영 연구자 조지프 라피(joseph Raffiee)와 지에 팽(Jie Feng)은 1994년부터 2008년까지 미국 내 기업가가 된 5천여 명에게 위와 같은 질문을 했다. 이들 중에는 창업 당시 회사를 계속 다니던 사람도 있었고, 회사를 관두고 창업에 전념한 사람도 있었다. 이후 창업의 성패를 추적·관찰했다. 과연 어떤 결과가 나왔을까? 보통은 위험을 무릅쓰고 직장을 그만두고 창업에 전념한 사람이 유리할 것이라 예상한다. 하지만 결과는 반대였다. 직장을 계속 다닌 사업가는 오히려 사업에만 전념한 사람보다 실패할 확률이 33%나 낮았다. 본업을 그만두지 않고 새로운 일에 도전한 사람이 유리하다는 결과였다.

어느 날 갑자기 개발자가 되고 싶어졌다. 그렇다면 현재 하고 있는 일을 그만두고 개발자 공부에만 매달리는 게 좋을까, 아니면 하고 있는 일에 최선을 다하면서 짬을 내어 준비하는 게 좋을까? 조금 결이 다를 수 있지만 위 연구에 빗대어 생각해보면 일과 공부를 병행하는 쪽이 좀 더 유리하다고 본다. 물론 사람에 따라, 상황에 따라 다를 수 있지만 되도록 일을 그만두지 않고 개발자에 도전하길 권한다.

어떤 상황에서도 할 수 있다

어떻게 하면 현재 일에 충실하면서 개발자가 될 수 있을까? 가장 좋은 방법은 퇴근 후 저녁에 재직자 국비지원 학원에 다니는 것이다. 체력적으로 버겁고 좀처럼 시간이 나지 않는다면, 시간을 쪼개서 들을 수 있는 온라인 교육을 추천한다. 인터넷은 세상을 바꿨다. 방구석에서 지구 반대편 친구와 대화도 가능하고, 학원에 가지 않아도 수업을 들을 수도 있다. 심지어 은행 업무도 가능하고, 행정복지센터에 가지 않아도 등본을 뽑을 수 있다. 컴퓨터 한 대만 있으면 모든 게 연결되어 있는 사회다. 실제로 주변에 온라인 교육만으로 개발자가 된 20대 청년 A가 있다.

A는 백엔드 개발자다. 대학 졸업 후 자취방 월세와 생활비를 벌기 위해 하루 종일 알바를 하느라 좀처럼 시간이 나지 않았다. 그래서 찾은 방법이 바로 유튜브와 코딩 강의 사이트였다. 오전 알바를 끝내고 남는 3시간 동안 카페에 가서 강의를 듣고, 오후 알바가 끝나고 잠이 들기 전까지 또 3시간을 공부했다고 한다. 수십 개의 강의를 듣고 포트폴리오를 만들면서 준비했고, 그러한 노력 덕분에 현재는 스타트기업에서 개발자로 근무하고 있다. A는 만족스러운 연봉과 복지를 누리며 개발자의 삶을 살고 있다.

인류의 삶을 바꾼 최고의 발명품은 무엇일까? 영국 일간지 〈인디펜던트〉가 소개한 '세상을 바꾼 101가지 발명품'을 보면 아스피린, 건전지, 자전거, 단추, 카메라 등 다양한 품목이 열거된다. 하지만 주관적으로 생각하는 가장 위대한 발명품은 유튜브라고 생각한다. 2019년 한 매체에서 발표한 자료에 따르면 유튜브에 하루 동안 업로드된 동영상을 다 보려면 18년이 걸린다고 한다. 현재는 사용자가 증가해 아마 20년 이상 걸리지 않을까 싶다. 유튜브의 장점은 모든 지식이 영상으로 저장되어 있다는 것이다. 사소하게는 뉴욕 맨해튼에서 파는 핫도그 요리법부터 태권도, 비행기 조정법까지 배울 수 있다. 그중에서 코딩을 주제로 한 유명 개발자들의 코딩 강의는 일품이다. 동영상에 직접 코딩하는 장면을 담아 노하우와 지식을 눈과 귀로 익힐 수 있다. 이뿐만 아니라 인프런(www.inflearn.com), 유데미(udemy.wjtb.co.kr)와 같은 유료 강의 사이트도 양질의 강의를 제공한다. 개인적으로는 유튜브만으로도 충분하다고 생각한다.

온라인 교육의 가장 큰 장점은 비대면이라는 것이다. 선생님은 영상 속에 있다. 강의 속에서 과거와 현재를 오가며 헷갈리거나 어려운 부분을 반복할 수 있고, 버스에서도 화장실에서도 강의를 시청할 수 있다. 온라인 강의로만 개발자가 된 후배 개발자 A는 해외 유튜버의 '클론 코딩'이 큰 도움이 되었다고 한다.

클론 코딩이란 특정 서비스를 똑같이 만들어보는 과정이다. 예를 들어 인스타그램을 주제로 한다면 해당 서비스와 동일한 레이아웃과 기능을 만들어보는 것을 말한다. 영어를 알아듣기 힘들 수 있지만 유튜브는 영어 자막을 자동으로 한국어로 번역해주기 때문에 문제가 되지 않는다.

동영상을 통해 방구석에서 신나게 코딩 공부를 했다면 이제 포트폴리오를 준비할 차례다. 국비지원 학원은 수료증을 발급하지만 온라인은 그런 것이 없다. 일부 유료 강의에서는 자체적인 수료증을 발급하기도 하지만 효력은 미미하다. 그러므로 온라인으로 열심히 공부했다면 포트폴리오를 만들어야 한다. 포트폴리오는 내가 개발자로서 얼마나 열심히 학습했고 실력을 갖고 있는지를 보여주는 대표적인 예시다. 자세한 사항은 뒤에서 자세히 다루겠다.

온라인 강의로만 개발자가 되는 건 힘들 수 있다. 같이 공부하는 동료도 없고, 지도하는 선생님도 없기 때문이다. 무엇보다 독학은 정말 어렵다. 하지만 상황이 여의치 않다면 온라인 학습만큼 좋은 도구도 없다. 매일 바쁜 일상을 살아가고 있지만 마음 한편에 개발자를 꿈꾸는 사회인이 있는가? 혹은 형편이 어려워 낡은 노트북 한 대밖에 없는 사람이 있는가? 그렇다면 오늘부터 온라인으로 무료 서비스인 유튜브에 접속해서 열심히 코딩 강의를 따라 해보자. 그러면 어느새 조금씩 실력이 붙을 것이고, 개발자가 될 수 있다는 자신감이 생길 것이다.

부트캠프로 개발자 되기

군인이 되기 전 꼭 거쳐야 하는 과정이 있다. 바로 '신병훈련소'다. 자유가 박탈당한 채 약 한 달간 사회에서 묻은 때를 벗고 군인으로 거듭나는 과정이다. 훈련을 앞두고 훈련복을 지급받는데, 산더미처럼 쌓은 낡은 군복을 두고 교관은 말한다. "지금부터 자신의 사이즈에 맞는 옷을 10분 안에 찾습니다. 실시!" 명령과 함께 수십 명의 군인이 우르르 뛰어가 가장 괜찮은 옷을 찾아 입는다. 대부분은 사이즈가 크다. 처음에는 몸에 안 맞는 훈련복이 어색하고 미칠 것 같지만 며칠 지나다 보면 마치 자기 사이즈처럼 편안해진다. 그렇게 헐렁한 옷에 적응하듯이 신병훈련소는 억지로 일반인을 군인으로 탈바꿈시킨다. IT 업계에도 그런 곳이 있다. 바로 '부트캠프(Boot Camp)'다.

개발자가 되기 위한 가장 빠른 방법은 무엇일까? 코딩 훈련소 부트캠프에 가는 것이다. 이름에서 느껴지는 것처럼 부트캠프는 단기간에 개발자가 될 수 있게 교육하는 훈련소다. 단기간에 일반인을 개발자로 만들기 위한 최적의 교육과정으로, 앞서 언급한 국비지원 학원과 온라인 독학에 비해 훨씬 힘든 과정이다. 현업에서 사용하는 프로그래밍 지식을 기반으로 교육하기 때문이다. 마치 훈련소에 입소한 군인에게 구보를 시키고 경례를 시키는 것처럼, 부트캠프에서는 예비 개발자에게 곧바로 실무에서 사용하는 코딩 기술을 가르치기 시작한다.

부트캠프의 장단점

부트캠프는 그 어떤 개발자 입문 과정보다 빠르다는 장점이 있다. 짧은 곳은 한 달 만에 모든 과정을 끝내기도 한다. 부트캠프에 입소하면 하루 10시간이 넘는 교육을 받는다. 거친 곳은 주 6일 동안 60시간을 훈련시킨다. 부트캠프에 입소하면 다른 건 아무것도 하지 않고 오직 프로그래밍 실습에만 집중한다. 덕분에 학습 몰입

도는 매우 높다. 그리고 수강생들 역시 같은 목적으로 입소했기 때문에 서로 도와가며 동기부여를 해준다. 이때 만난 동기들은 훗날 훌륭한 인맥이 된다. 교관처럼 주위에 상주하고 있는 강사들은 즉각적인 질문과 답변이 가능하다. 이러한 피드백은 코딩 공부에 있어서 꽤나 큰 이점이 된다.

부트캠프도 매우 높은 취업률을 보장한다. 정확히 말하면 개발자 수요가 높아지면서 부트캠프를 통해 부족한 인원을 보충하는 회사가 늘고 있다. 사실 어떤 개발자 과정이든 취업은 문제가 되지 않는다. 그런데 부트캠프 출신 개발자를 선호하는 기업이 다소 존재한다. 부트캠프의 목적은 취업이다. 그렇기에 그 어떤 과정보다 취업률에 신경을 쓴다. 만약 취업에 실패하면 수강료를 돌려주거나, 목표하는 직장에 취직하면 축하금을 주는 등 다양한 방법으로 취업을 장려한다.

필자가 생각하는 부트캠프의 가장 큰 장점은 실무와 같은 현장 환경이다. 부트캠프는 학교에서 가르쳐주지 않는 프로그래밍 세계에 적응할 수 있도록 도움을 준다. 실무와 같은 코딩 환경으로 인해 개발 업계가 어떻게 돌아가는지 보여준다. 부트캠프에 취지는 '훈련소'이기 때문에 신병훈련소에서 전쟁을 모방한 훈련을 하듯이 부트캠프 또한 개발자 실무를 모방한 훈련을 한다. 필자 역시 실제로 부트캠프 출신 개발자들이 좀 더 현장 적응이 빠르다는 느낌을 강하게 받았다.

부트캠프는 빠르고 효과적으로 개발자를 키우는 만큼 단점도 명확하다. 우선 호불호가 따른다. 단기간에 고생해서 개발자가 되기보다는 천천히 깊이 있게 코딩 공부를 하고 싶은 예비 개발자와는 결이 맞지 않는다. 그리고 소심하거나 게으른 사람은 적응에 애를 먹는다. 정말 간절하게 짧은 시간에 개발자가 되고 싶지 않다면 추천하지 않는다. 부트캠프는 수료기간 동안 오직 이 생활에만 전념해야 하기 때문에 사생활을 보장받지 못한다. 이러한 부분에 수긍하지 못하면 아주 불편한 과정이 될 것이다.

무엇보다 부트캠프는 무료가 아니다. 비싼 곳은 1천만 원이 넘는 수강료를 지출해야 한다. 국비지원처럼 무료로 들으면서 오히려 훈련비까지 받은 입장에서는 너무 큰돈이다. 온라인으로 들을 수 있는 유명 개발자의 강의도 무료인데 아깝다는 생각이 든다. 혹여나 훈련에 참가했다고 낙오하거나 취업에 실패하면 환불이 가능하겠는가? 물론 온라인 부트캠프는 상대적으로 저렴하지만 역시 한 푼이라도 아쉬운 사람에겐 유료라는 점이 아쉽다.

부트캠프의 단점이자 장점은 교육 방식이 강압적이고 힘들다는 것이다. 단순히 출석만 해야 하는 게 아니라 최선을 다해야 한다. 말 그대로 지쳐 쓰러질 때까지 해야 한다. 필자는 신병훈련소에서 허약한 체질로 구보 중에 쓰러진 적이 있다. 그렇지만 1시간 휴식 후에 다시 훈련에 투입되었다. 열외 없이 군인을 만들기 위한 조치였다. 부트캠프도 마찬가지다. 단 한 사람도 낙오 없이 개발자로 만들기 위해 강압적인 방식으로 진행된다. 이 부분이 단점이지만 누군가에게는 장점일 수 있다. 선택은 개인의 판단에 맡기겠다.

좋은 부트캠프를 구하는 방법

현명한 독자라면 수백만 원에서 1천만 원까지 지불하는 일인데 대충 아무 부트캠프나 지원하지는 않을 것이다. 사전에 정보를 취합해서 좋은 곳을 선택해야 한다. 최근 부트캠프를 수료하고 중견기업에 취직한 후배 프로그래머 B를 찾아가 다음과 같이 인터뷰했다.

"부트캠프는 너무 비싼 것 같다. 좀 더 저렴한 곳을 선택하는 게 효율적이지 않을까?"

"가격이 저렴한 부트캠프만 찾아다니는 것은 현명한 방법이 아니다. 조금 돈을 더 주더라도 좋은 부트캠프를 선택하는 것이 낫다. 금액 차이는 생각보다 크지 않다. 가격은 우선 접어두고 열린 마음으로 생각하길 권한다."

"좋은 부트캠프를 고르는 방법이 있다면?"

"우선 기간을 봐야 한다. 짧은 곳은 7주 만에 끝나기도 하고, 1년이 넘게 걸리는 곳도 있다. 본인에 일정에 맞게 선택하는 게 중요하다. 그다음 커리큘럼을 보길 바란다. 어떤 언어로 진행하는지, 백엔드인지 프런트엔드인지 아니면 풀스택으로 진행하는지 상세하게 보길 바란다. 강사진도 잘 살펴봐야 한다."

"인터넷 후기도 중요한가?"

"부트캠프도 하나의 사업체다. 온라인에서는 자신들이 최고의 부트캠프라고 칭송할 뿐이다. 광고에 적힌 글을 곧이곧대로 믿지 말고 직접 발품을 팔아 수료한 수강생과 접촉해보길 바란다. 그것이 어렵다면 코딩 커뮤니티에서 진솔한 후기를 읽어보도록 하자."

부트캠프는 증가하는 개발자 수요를 충당하기 위해 지금도 활황이다. 짧은 기간에 비전공자를 개발자로 만드는 가장 효율적인 과정일지 모른다. 젊음과 패기가 넘치는 예비 개발자라면 이 코딩 훈련소에 자진 입소해보길 바란다. 당장은 힘들지만 수개월 후에는 눈빛이 달라질지 모른다.

필자는 시니어 개발자로 10년 넘도록 현업에서 코딩을 하고 있다. 가끔은 수행자의 마음으로 돌아가 부트캠프에 참석하고 싶다는 생각이 든다. 그때의 열정을 다시 한번 느끼고 싶기 때문이다.

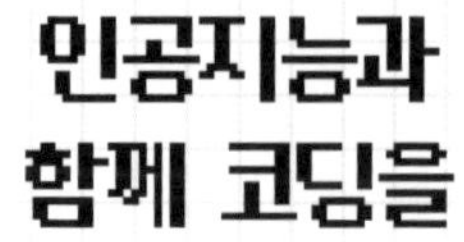

인공지능과 함께 코딩을

인공지능 기술이 빠르게 발전하면서 개발자가 학습도구로 활용함과 동시에 새로운 직무 기회도 열리고 있다. 예전에는 수많은 책과 자료를 보며 기초부터 학습해야 했다면, 오늘날엔 인공지능을 활용한 학습도구들 덕분에 공부가 훨씬 수월해졌다. 인공지능을 활용하면 빠르게 개발 역량을 키울 수 있고, 새로운 기술 트렌드를 따라잡는 일도 수월하다.

인공지능 활용의 가장 큰 장점은 학습 과정을 개인화할 수 있다는 것이다. 학원이나 강의와 같은 전통적인 방법은 모두가 동일한 커리큘럼을 따라가는 방식인 반면, 인공지능 기반 학습도구는 학습자의 이해도와 필요에 맞춰 최적화된 학습계획을 제시한다. 덕분에 비전공자도 빠르게 필요한 부분만 집중적으로 학습해 효율적으로 실력을 키울 수 있다. 또한 인공지능은 학습자의 학습 속도와 스타일을 파악해 맞춤형 피드백을 제공하므로, 학습자가 보다 효과적으로 목표를 달성할 수 있도록 돕는다.

실제로 평생 현장직에서 일하던 한 친구는 인공지능 학습도구를 통해 개발자로 전향하는 데 성공했다. 처음에는 개발에 대해 아무런 지식이 없었지만 인공지능에게 모르는 걸 질문하는 방법을 통해 학습을 진행했다. 하루 2시간씩 꾸준히 학습한 결과, 수개월 만에 기본적인 웹 애플리케이션 개발을 시작하게 되었다. 이를 포트폴리오로 활용해 중소기업에 취업해 커리어를 시작했다. 이처럼 인공지능은 초보자와 비전공자에게 개발자의 문턱을 낮추는 중요한 도구가 될 수 있다.

또 인공지능을 활용하면 실시간으로 코드에 대한 피드백을 받을 수 있다. 예를 들어 코딩 도중 발생한 오류나 비효율적인 코드 작성 방식을 인공지능이 바로 지적해주고 개선 방안을 제시해준다. 코딩 과외 선생님이 24시간 항시 대기하는 것과 같다. 이를 통해 개발자는 자신의 문제 해결력을 더욱 빠르게 키울 수 있으며, 오류를 수정하는 과정에서 자연스럽게 학습할 수 있다. 이러한 방식은 특히 독학 중인 예비 개발자에게 큰 도움이 된다. 인공지능의 피드백은 단순히 문제를 해결하는 것을 넘어 최적화된 코드를 작성하는 습관을 길러주기 때문에 장기적인 개발 역량 향상에도 중요한 역할을 한다. 마치 운전 교습을 받을 때 옆에서 교관이 즉각적인 피드백을 해주는 것과 같다.

인공지능은 최신 기술 트렌드를 학습하는 데 큰 역할을 한다. AI 기반 뉴스 요약 도구나 기술 블로그 추천 알고리즘 등을 활용하면 복잡한 기술 정보를 쉽게 접할 수 있게 한다. 인공지능은 새로운 트렌드를 빛의 속도로 학습하고 있기 때문에 빠르게 변화하는 IT 업계의 흐름에 뒤처지지 않게 도움을 받을 수 있다. 개발자로서 꾸준히 성장하고 경쟁력을 유지하는 데 중요한 요소다. 인공지능이 추천해주는 맞춤형 학습 자료나 트렌드 정보를 통해 학습자가 필요로 하는 정보에 빠르게 접근할 수 있으며, 시간 낭비를 줄이고 효과적인 학습을 가능하게 한다. 마치 개인 맞춤형 트레이너가 운동 루틴을 제공해주는 것처럼, 인공지능은 개발자에게 적합한 학습 자료와 트렌드를 지속적으로 제공해준다.

마지막으로 인공지능을 활용한 프로젝트는 포트폴리오로 활용하기에도 좋다. 인공지능 모델을 활용한 웹 애플리케이션이나 챗봇 등 다양한 프로젝트를 통해 자신의 개발 역량을 어필할 수 있다. 이러한 프로젝트 경험은 기업에서 인공지능 관련 기술을 요구하는 경우 큰 장점이 될 수 있다. 특히 인공지능을 활용한 프로젝트는 완성도가 높다면 취업 시장에서 매우 긍정적인 평가를 받을 수 있다. 실제로 주변에 AI를 활용해 고객문의를 처리하는 챗봇을 개발한 친구가 있다. 이를 포트폴리오로 제출해 중견 IT기업에 합격했다. 과거와 달리 인공지능과의 협업 결과물에 대한 기업 내 수용도가 눈에 띄게 높아졌다. 오히려 인공지능을 활용하는 개발자에게 높은 점수를 주기도 한다.

인공지능 활용은 이제 선택이 아닌 필수적인 흐름이 되어가고 있다. 이를 통해 비전공자도 보다 쉽게 개발자의 길을 걸을 수 있고, 현업에 있는 개발자도 계속해서 자신을 발전시킬 수 있다. 중요한 것은 인공지능을 도구로 활용해 역량을 키우는 것이다. 인공지능은 개발자가 나아갈 길을 비추는 등대와 같은 존재로, 잘 활용한다면 보다 빠르고 효율적으로 목표에 도달할 수 있을 것이다.

어떤 AI가 코딩에 유리할까?

현재 인공지능 3대장인 클로드(Claude), 제미나이(Gemini), 챗GPT는 각각 특화된 강점을 가진 AI 모델이다. 이 3가지 AI 도구를 비교해보고 어떤 것이 코딩 학습에 더 유리한지 살펴보자.

1. 클로드

앤트로픽(Anthropic)에서 개발한 언어 모델로, 사용자의 질문 의도를 정확하게 파악하고 친절한 답변을 제공하는 것이 가장 큰 강점이다. 초보자에게 매우 유리한 도구로 처음 코딩을 배우는 사람이라면 클로드를 통해 쉽게 접근할 수 있다. 기본적인 파이썬 문법부터 오류 해결이나 간단한 코딩 로직에 대한 설명을 깔끔하게 제공한다. 학습자의 이해도를 파악해 복잡한 설명보다는 직관적인 답변을 내놓으며, 질문이 계속될수록 점점 더 맞춤형 피드백을 제공한다. 예를 들어 파이썬에서 리스트를 정렬하는 방법을 물어보면, 클로드는 간단한 코드 예시와 함께 그 작동 원리를 친절하게 설명해준다. 파이썬 초보자라면 쉽고 명확한 피드백을 받을 수 있어 빠르게 개념을 익힐 수 있다. 학습 과정에서 막힐 때마다 즉각적인 도움을 받을 수 있어 코딩의 진입장벽을 크게 낮추고 있다.

2. 제미나이

제미나이는 구글 딥마인드에서 새롭게 선보인 AI 모델이다. 최신 기술과 복잡한 문제 해결에 특화된 도구다. 특히 중급 이상의 개발자에게 적합한데, 복잡한 알고리즘 문제나 데이터 구조 관련 질문에 대해 깊이 있는 피드백을 제공하기 때문이다. 제미나이는 최신 트렌드를 반영한 기술적 조언과 함께 성능 최적화를 위한 세부적인 제안을 주로 한다. 코딩 문제를 해결하는 데 있어서 매우 구체적인 피드백을 제공하며, 최적화된 알고리즘이나 효율적인 자료구조를 추천하는 경우가 많다. 만약 이진 탐색이나 그래프 알고리즘과 같은 복잡한 문제를 해결하고자 한다면 제미나이가 가장 효과적인 도구가 될 것이다. 실용적인 코드 개선 아이디어와 성능 최적화 방법을 제시하며, 이는 고급 코딩 스킬을 필요로 하는 학습자에게 매우 유리하다.

3. 챗GPT

챗GPT는 오픈AI에서 개발한 가장 널리 알려진 AI 모델로, 코딩 학습뿐만 아니라 다양한 분야에서 활용될 수 있는 범용성이 큰 장점이다. 챗GPT는 초보자부터 고급 개발자까지 모두에게 유용하다. 다양한 프로그래밍 언어와 플랫폼에 대한 폭넓은 지원을 자랑한다. 예를 들어 파이썬, JavaScript, C++, 자바 등 어떤 언어로 질문을 하든 실시간으로 정확한 답변을 제공하며 오류 해결이나 코드 최적화에도 능하다. 특히 챗GPT는 코드 예시뿐만 아니라 문제 해결 과정에서 겪을 수 있는 실수를 교정하고, 더 나은 코딩 패턴을 제안하는 데 탁월하다. 독학하는 개발자에게는 이처럼 빠르고 정확한 피드백이 큰 도움이 된다. 이뿐만 아니라 챗GPT는 다양한 기술 트렌드에 대해서도 실시간 정보를 제공해서 개발자가 최신 기술에 뒤처지지 않도록 돕는다.

참고로 필자는 챗GPT를 사용 중이다. 코드 최적화나 복잡한 문제 해결을 위한 구체적인 피드백을 즉각적으로 제공하기 때문이다. 또 최신 기술 트렌드와 관련된 정보도 마이크로소프트 검색엔진 빙(Bing)과 연동되어 빠르게 검색해준다. AI 모델 중 발전속도가 가장 빠르며, 계속해서 학습능력과 정확성이 향상되고 있어 코딩 학습에 유리하다.

천 리 길도 포트폴리오부터

영어사전을 보면 '포트폴리오(Portfolio)'의 첫 번째 뜻은 '서류 가방'이다. 어원을 살펴보면 포트(port)는 '가지고 다니다', 폴리오(folio)는 '잎사귀'에서 유래한 '종이'를 의미한다. 종합하면 자신의 작품이나 성과, 경력을 정리한 서류집이라는 의미가 된다. 누군가의 노력이 정리된 서류집을 펼쳐보면 그 사람이 얼마나 애썼고 어떤 실력을 가지고 있는지 평가할 수 있는 중요한 척도가 된다. 그래서 많은 개발자가 좋은 포트폴리오를 만들기 위해 노력을 기울이는 것이다.

하지만 예비 개발자에게 포트폴리오는 생각만 해도 부담스러운 단어다. 시간이 많이 들 것 같고, 완성할 자신도 없어서 망설이게 된다. 누구나 멋진 포트폴리오를 만들고 싶지만 그 과정은 결코 쉽지 않다. 그렇지만 신입 개발자라면, 특히 공대를 나오지 않은 비전공자라면 포트폴리오는 선택이 아닌 필수다. 국비지원 수료증도 없고, 부트캠프에서 동료들과 함께 한 프로젝트 경험도 없다면 자신을 증명할 수 있는 것은 오직 포트폴리오뿐이다.

4가지 포트폴리오

이번에는 개발자가 어떤 포트폴리오를 준비해야 하는지 종류별로 알아보겠다. 이 밖에 자신을 드러내는 방법은 많지만 여기서는 대표적인 4가지 방법을 알아보겠다.

첫째, 프로젝트

사실 회사 입장에서는 신입 개발자의 포트폴리오에 큰 기대를 걸지 않는 경우가 많다. 대부분 비슷한 모양과 기능, 스펙으로 이뤄져 있기 때문이다. 중요한 것은 프로젝트를 얼마나 깊이 이해하고 있는지, 그 경험을 얼마나 잘 설명할 수 있는지다. 따라서 자신이 만든 프로젝트에 대해서는 100% 정확하게 알고 있어야 하며, 이를 다른 사람에게 명확히 전달할 수 있어야 한다.

인공지능을 활용하든, 다른 사람의 코드를 참고하든 중요한 것은 프로젝트를 완성하고 그것을 잘 이해하는 것이다. 실제 개발 현장에서는 혼자 모든 것을 처음부터 끝까지 만드는 경우가 드물다. 다른 사람의 코드를 참고하거나 기존의 라이브러리를 사용하는 것은 흔한 일이며, 이를 통해 프로젝트를 완성하는 것도 충분히 가치가 있다. 중요한 것은 그 과정을 통해 무엇을 배웠고, 어떻게 문제를 해결했는지에 대한 깊이 있는 이해다. 그러니 완벽하지 않더라도 프로젝트를 완성하고, 그 과정에서 얻은 것을 명확하게 표현할 수 있도록 노력해야 한다.

포트폴리오는 단순한 서류가 아니라 자신의 성과와 능력을 보여주는 중요한 도구다. 이 서류집은 자신이 얼마나 많은 노력을 기울였는지, 어떤 프로젝트를 진행했고 어떤 기술을 습득했는지 명확하게 보여준다. 포트폴리오는 개발자로서 자신을 알리고 증명하는 가장 강력한 무기다. 특히 경험이 부족한 신입 개발자에게는 더할 나위 없이 중요한 자료다. 그러니 포트폴리오를 만드는 것이 부담스럽더라도 꾸준히 작업하기를 권한다. 그것이 당신의 가능성을 증명하는 첫걸음이 될 것이다.

둘째, 홈페이지

웹 개발자라면 홈페이지는 중요한 포트폴리오가 된다. 마치 구두를 만드는 장인이 본인의 발에 꼭 맞는 세상에 단 하나뿐인 구두를 직접 만들어 신고 다니는 것처럼 말이다. 반대로 구두장인이 정작 시중에 파는 평범한 구두를 신고 다닌다면, 누가 그 장인의 실력을 신뢰할 수 있겠는가? 웹 개발자인데 기본적인 홈페이지조차 없다면, 정말로 웹을 개발할 수 있는 사람이 맞는지 의심하게 된다. 웹 개발자로서 자신의 기술과 감각을 보여줄 수 있는 홈페이지는 마치 자신이 만든 구두를 신고 다니는 것과 같다.

포트폴리오 홈페이지는 크게 2가지로 나눌 수 있다. 자신의 이력사항을 표현하는 '자기소개 홈페이지'와 특정 기술이 적용된 '기술 사이트'다. 자기소개 홈페이지는 이력서에 디자인적 요소를 가미한 형태라고 볼 수 있다. 물론 훌륭한 자기소개 홈페이지도 큰 장점이 될 수 있다. 깔끔한 디자인과 직관적인 정보 구조로 자신의 경력과 기술을 잘 표현하면 좋은 인상을 줄 수 있기 때문이다. 하지만 회사 입장에서는 실제로 동작하는 기술 사이트를 운영하는 개발자에게 점수를 줄 수밖에 없다.

필자는 다양한 기술 사이트를 운영하고 있다. 예를 들면 '글씨를 이미지로 바꾸어주는 사이트' '가변형 전자책 뷰어' 'JavaScript를 심층 난독화하는 기능을 제공하는 사이트' 등 다양한 기술적인 아이디어를 실현한 사이트들이 있다. 이러한 기술 사이트들은 단순히 개발자의 경력을 나열하는 것이 아니라, 그 경력이 실제로 어떤 가치를 만들어내는지를 구체적으로 보여준다. 이를 통해 웹 개발자로서의 실력과 창의성을 입증할 수 있다.

홈페이지를 만들 때는 단순히 나 자신을 소개하는 것뿐만 아니라, 타인이 필요로 하는 아이디어를 기반으로 만드는 것이 좋다. 예를 들어 사람들이 일상에서 불편함을 느끼는 점을 해결해주는 작은 도구나 특정한 작업을 간편하게 만들어주는 유틸리티 사이트를 만들어보는 것이다. 이러한 방식으로 기술 사이트를 운영하면 그 자체로 포트폴리오가 될 뿐만 아니라 사용자에게 실질적인 도움을 줄 수 있어 더 큰 가치를 지닌다. 훌륭한 자기소개 홈페이지도 좋지만 이왕이면 타인의 필요를 해결하고 신뢰를 줄 수 있는 기술 사이트에 도전해보기를 권한다.

자기소개 홈페이지: linktr.ee/gocoder

글씨를 이미지로 바꾸는 사이트: text2png.gocoder.net

가변형 전자책 뷰어: epub.gocoder.net

JavaScript 난독화: packer.gocoder.net

셋째, 깃허브

작가에게 브런치스토리 서비스가 있다면, 개발자에게는 깃허브(GitHub)라는 플랫폼(github.com)이 존재한다. 깃허브는 소프트웨어 코드 저장소이자 개발자들의 놀이터이자 공동 작업을 위한 중요한 협업 도구다. 작가가 브런치스토리에 자신의 글을 올리고 독자들과 소통하며 성장하듯이, 개발자는 깃허브에 자신의 코드를 공유하고 다른 개발자와 협업하면서 실력을 갈고닦는다. 참고로 2018년에는 이 거대한 플랫폼이 마이크로소프트에 의해 인수되기도 했다.

깃허브를 통해 자신이 만든 소프트웨어 코드를 손쉽게 올리고 이를 전 세계의 개발자들과 공유할 수 있다. 이 과정에서 다른 개발자가 해당 소스를 포크(fork)해 자신의 프로젝트에 활용하거나, 심지어 보완하고 개선해 새로운 방향으로 발전시키기도 한다. 마치 예술가들이 서로의 작품에 영감을 받아 완전히 새로운 작품을 창조하는 것처럼, 깃허브에서도 코드가 하나의 창작물이 되어 여러 손을 거치며 진화한다.

깃허브에서 좋은 코드와 유용한 프로젝트를 올리는 개발자들은 자연스럽게 많은 팔로워를 얻게 된다. 이 과정은 마치 브런치스토리, 인스타그램에서 많은 팔로워를 가진 인플루언서가 주목을 받는 것과 비슷하다. 훌륭한 코드와 창의적인 아이디어로 깃허브에서 스타가 된다면, 더 이상 취업 걱정은 하지 않아도 될 것이다. 많은 기업이 이미 깃허브를 통해 개발자의 능력을 평가하고 있으며, 깃허브에서 두각을 드러내는 개발자라면 누구도 그의 실력을 의심할 수 없을 것이다.

물론 깃허브는 초보 개발자에게 다소 어려운 포트폴리오의 장이 될 수도 있다. 하지만 깃허브를 통해 작은 프로젝트라도 꾸준히 올리고 이를 운영하는 것만으로도 개발자로서 큰 플러스 점수를 얻을 수 있다. 마치 작가가 작은 글이라도 꾸준히 작성해서 독자들과 소통하는 것처럼, 작은 코드라도 꾸준히 작성하며 발전하는 모습을 보여주는 것이다. 깃허브는 단순한 코드 저장소를 넘어 개발자의 열정과 성장을 보여줄 수 있는 중요한 무대인 셈이다.

고코더의 깃허브: github.com/gocoder-net

넷째, 기술 블로그

블로그는 개발자에게 가장 좋은 포트폴리오의 장이다. 마치 장인이 자신의 작품을 갤러리에 전시하는 것처럼, 블로그는 내가 쌓은 지식과 경험을 세상에 공개하는 공간이다. 기술 블로그는 단순히 지식을 정리하고 기록하는 것을 넘어 나만의 노하우를 정리하고 다른 사람과 공유하는 매우 효과적인 수단이다. 이러한 과정을 통해 내가 이해한 내용을 보다 깊이 학습할 수 있다. 블로그는 나만의 지식창고인 동시에 공개된 강의실인 셈이다.

블로그를 통해 방문자와 피드백을 주고받다 보면 자신의 생각도 넓어지고 발전한다. 그리고 방문자가 늘어난다면 애드센스(티스토리), 애드포스트(네이버)를 통해 수익까지 얻을 수 있다. 마치 농부가 정성껏 키운 농작물이 많은 사람에게 사랑받으며 수익으로 돌아오는 것처럼, 내가 올린 콘텐츠도 그 가치를 인정받을 수 있다.

더불어 방문자가 많아질수록 내 이름을 알릴 수 있는 기회가 그만큼 커지게 된다. 필자도 현재 블로그를 운영하고 있으며, 하루 5천명 이상의 방문자가 찾아온다. 덕분에 적당한 용돈벌이를 할 수 있을 뿐만 아니라 자신을 알리는 좋은 기회도 얻고 있다.

소위 '파워블로거'는 단순히 수익을 넘어 지식을 나누고 다른 사람에게 긍정적인 영향을 미치는 중요한 역할을 한다. 이처럼 블로그는 개발자에게 포트폴리오 이상의 의미를 가지며, 나 자신을 브랜드로 만들어가는 길을 열어준다. 시작은 작고 조용할지 모르지만 꾸준히 정성껏 글을 쓰다 보면 어느 순간 블로그가 새로운 기회를 열어주는 든든한 플랫폼이 되어줄 것이다.

고코더의 기술 블로그: gocoder.tistory.com

포트폴리오는 선택이라고 말하는 사람도 있지만 필자는 필수라고 생각한다. 개발자로서의 역량을 증명할 수 있는 다양한 활동은 많으면 많을수록 좋다. 포트폴리오를 통해 단순히 프로젝트 목록을 나열하는 것이 아니라, 자신이 어떤 문제를 해결했고 어떤 기술을 활용했고 어떠한 성장을 이뤘는지 명확하게 보여줘야 한다.

포트폴리오가 무의미하고 필요 없다고 주장하는 개발자는 아마도 포트폴리오가 없는 개발자일 가능성이 크다. 단순히 서류 한 장을 만드는 작업이 아니라, 자신의 성장을 정리하고 객관적으로 평가받을 수 있는 중요한 도구다. 이 과정을 통해 스스로의 성장을 되돌아볼 수 있으며, 타인에게는 자신의 실력을 명확하게 보여줄 수 있다.

자신의 실력을 차곡차곡 쌓아가며 누군가 이것을 펼쳐볼 수 있게 서류집을 빼곡히 채워보길 바란다. 그 과정에서 얻어지는 성취감과 자신감은 앞으로의 커리어에 중요한 원동력이 될 것이다. 포트폴리오가 단순한 문서가 아닌, 개발자로서의 여정을 보여주는 의미 있는 기록임을 깨닫고 정성껏 준비해보자. 이 기록은 단지 입사를 위한 도구를 넘어 개발자로서의 성취와 목표를 명확히 하는 나침반 역할을 하게 될 것이다.

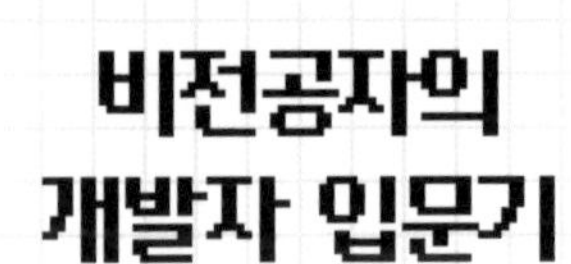

비전공자의 개발자 입문기

우선 당신이 비전공자라면 왜 프로그래밍을 하고 싶은지 스스로에게 물어보는 시간을 가졌으면 한다. 그 질문을 필자에게 한다면 '재미' 때문이라고 대답할 것이다. 일을 재미로 하냐는 질문으로 되돌아올 수 있겠지만, 개발자가 프로그래밍이 재미없고 따분하게 느껴진다면 다른 직업을 찾아야 한다고 생각한다. 굳이 하기 싫은 일을 억지로 하고 있기에는 인생은 너무 짧다. 코딩은 적성에 맞고 재미가 있어도 어려운 직종이다. 항상 공부를 해야 한다. 그리고 매일 숙제처럼 여러 문제와 씨름해야 한다. 프로그래밍을 즐기는 사람도 힘든 일인데, 왜 굳이 흥미도 없는 사람이 억지로 해야 하는

가? 코딩을 해야 하는 절체절명의 이유는 없다.

프로그래밍은 생각보다 재밌는 요소가 많다. 며칠씩 막혔던 문제가 어느 날 갑자기 슬슬 풀릴 때, 책에 나오는 예제를 따라가다가 자신만의 새로운 방법을 발견했을 때, 어렵게 느껴졌던 프래그래밍 방법들이 어느 날 머리에 들어와서 내 것이 되었을 때, 완료한 프로젝트가 잘 운영되어 돌아갈 때 등 즐길 거리가 많다. 이런 것이 프로그래머의 삶을 지탱하고 버티는 힘이 된다. 컴퓨터로 무언가를 창조하는 즐거움과 기쁨을 진심으로 느낄 수 있다면, 개발자의 자질은 이미 충분하다고 생각한다. 단지 취업이 쉬워 보여서가 아니라, 코딩의 즐거움을 진심으로 느끼는 사람이 개발자가 되었으면 한다.

'입문'보다 중요한 '생존'

"비전공자가 개발자가 되어서 취업을 하는 건 더 이상 어려운 일이 아니다. 하지만 개발자로 살아남는 사람은 드물다."

필자가 현장에서 직접 느낀 바를 표현한 것이다. 개발자에 대한 수요가 적었던 10여 년 전에도 비전공자의 취직에는 큰 어려움이 없었다. 지금은 어떠한가? 수요가 높아지면서 진입장벽은 오히려 낮아졌다. 이제는 '입문'보다 취업 이후 '생존'에 대해 고민해봐야 할 시대다.

필자 또한 비전공자 개발자다. 그리고 국비지원 과정을 통해 6개월 훈련을 받았다. 당시 자바 개발자가 대세였지만 자바반이 꽉 차면서 닷넷(.NET) 과정 수업을 들어야 했다. 3개월은 닷넷 기초를 배웠고 이후 프로젝트를 진행했다. 그리고 남은 기간 ASP와 PHP를 배웠다. 자바는 따로 독학으로 공부했다. 교육과정은 크게 어렵지 않았다. 오히려 기초만 가르쳐주는 과정이 야속하기만 했다. 하지만 지금 생각해보면 난이도가 너무 높았다면 잘 따라가지 못했을 것 같다.

국비지원 과정은 순식간에 지나갔고 대망의 취업 시즌이 다가왔다. 취업 사이트에 이틀 동안 끙끙대며 작성한 이력서를 올렸다. 눈에 띄는 한 줄 없는 허술한 이력을 가진 필자에게 수많은 중소기업의 러브콜을 이어졌다. 처음 면접을 간 회사는 경기도 부천에 있는 작은 회사였고 당장 내일부터 일을 시작하는 게 조건이었다. 그렇게 여러 군데 면접을 보고 나서 결정한 곳은 집에서 걸어서 10분 거리의 회사였다. 첫 직장은 정말 만만치 않았다. 비전공자 개발자로서 컴퓨터 기본 소양이 없는 상태에서 현업에 적응하기란 쉽지 않았다. 외계어처럼 느껴지는 단어와 문장을 제대로 이해하지 못해 혼나기 일쑤였다. 나만의 착각인지 모르겠지만 주변 시선에서

'국비지원 출신 주제에'라는 느낌을 받았다. 쉽게 회사에 들어간 만큼 회사 생활도 쉬울 줄 알았는데 현업은 정말 가혹하고 힘들었다.

막상 프로그래머가 되고 나면 많은 것이 달라진다. 현업에서 '언어는 도구에 불과하다'는 말을 종종 접하게 된다. 그런데 정말로 언어가 도구에 불과하다고 생각하는 사람은 둘 중 하나일 것이다. 실력이 너무 출중해서 다양한 언어를 능수능란하게 구사하는 고수이거나, 아직 한 가지 언어도 깊이 공부하지 못한 초보자 수준의 개발자일 것이다. 필자는 당연히 후자였다. 신입에게 언어는 도구일 뿐이라고 말하는 것은 새로운 언어로 된 프로젝트에 급히 투입시키기 위한 필요에 의한 말일 뿐이다. 사용해본 적 없는 언어로 된 프로젝트에 투입시키면 싫어도 따라야 한다. 절이 싫으면 중이 떠날 수밖에 없기 때문에 버티기 위해선 책을 구매하고 강의 영상을 보면서 열심히 따라가는 수밖에 없다. 그것이 바로 개발자의 현실이다.

코딩은 막노동에 가깝다. 고객의 마음이 바뀌면 열심히 피땀 흘려 만든 모든 기능을 갈아엎어야 한다. 당장 생각나는 흐름대로 코딩을 하고 그대로 덮어버리고 다음 프로젝트를 향해 떠나는 경우도 많다. 또 생각보다 문서 작업도 많다. 어떤 프로젝트에서는 코딩보다 문서를 만드는 데 더 많은 시간을 할애하기도 한다. 그리고 창조적인 코드를 짜는 시간보다 버그를 잡는 시간이 더 오래 걸린다. 학원에서는 아주 작은 단위의 프로젝트밖에 경험하지 못하기 때문에 방대한 오류가 생소하게 느껴질 것이다. 새로운 소스를 짜는 일보다 버그를 고치는 데 더 많은 시간이 소요된다.

현업에서 코딩을 한 지 벌써 10년이 훌쩍 넘었다. 현재는 여의도에 있는 보안 전문 기업에서 팀장으로 일하고 있다. 필자 역시 수많은 고난과 역경이 존재했다. 어떻게 살아남을 수 있었을까? 즐기면서 버티고 또 버텼기 때문이다. 예를 들어 사우나를 하면 온몸이 뜨겁다. 피부는 화상을 입은 듯이 빨개지고 아프다. 숨도 제대로 쉬어지지 않는다. 하지만 버티고 버티면 어느 순간 땀이 흐르고, 노폐물이 빠져나가면서 몸은 건강해진다. 코딩에서도 마찬가지다. 위기가 닥칠 때마다 그 순간을 버티고 견뎌내면 실력은 조금씩 향상되고 개발자로서의 역량이 채워진다. 결국 위기를 넘길 때마다 성장의 기회가 찾아오는 것이다.

이 글을 읽는 여러분도 앞으로 수많은 위기를 겪을 것이다. 비전공자로서의 진입장벽, 새로운 개념을 이해하는 데 드는 시간, 그리고 실전에서 겪게 되는 여러 가지 어려움 등은 정말로 큰 도전이 될 수 있다. 하지만 반대로 생각하면 성장할 수 있는 기회가 그만큼 많다는 뜻이다. 위기는 우리를 더욱 단단하게 만들어주고, 성장할 수 있는 발판을 제공한다.

때로는 넋이 나갈 만큼 지치고, 모든 것이 벅차게 느껴질 수 있다. 포기하고 싶을 때도 있을 것이다. 하지만 코딩이 즐겁고, 개발자로서의 삶을 계속 살아가고 싶다면 위기를 이겨내야 한다. 위기

속에서 배우고, 그 과정을 통해 자신을 단련시켜야 한다. 고난을 이겨내는 과정에서 성장할 것이고, 그 성장이 또 다른 동력이 된다. 결국 중요한 것은 즐기면서 버티는 마음가짐이다. 개발자가 된다는 것은 계속해서 자신을 갱신하고, 위기를 넘어 성장을 추구하는 사람이 된다는 뜻이다. 그러니 즐기면서 버텨내고 나아가자.

웹의 탄생

2012년 런던 올림픽 개막식의 성대한 막이 올랐다. 올림픽 개막식에는 그 나라를 대표하는 인물이 등장하기 마련이다. 문화의 중심지라는 별명답게 런던 올림픽 개막식에 등장한 인물의 면면은 화려하다. '해리 포터의 조앤 롤링' '007의 제임스 본드' '미스터 빈' '마에스트로 사이먼 래틀' '엘리자베스 여왕'까지 화려한 라인업이었다. 그런데 수많은 인물 사이, 필자의 눈길을 오래 붙잡은 한 사람이 있었다. 공연 중 무대 위에서 키보드를 두드리며 등장한 팀 버너스 리(Tim Berners Lee)였다.

팀 버너스 리는 전 세계인을 하나로 묶어준 인물이다. 인류의 삶을 윤택하고 편리하게 만든 공로로 영국 왕실로부터 경(Sir) 작위를 받기도 했다. 그는 우리가 지금 이 순간에도 사용하고 있는 웹(Web)을 만든 인물이다. 월드 와이드 웹(World Wide Web)은 인터넷에 연결된 전 세계 사용자가 정보를 공유할 수 있는 장소를 말한다. 줄여서 'WWW', 좀 더 줄여서 간단하게 'W3'라고도 한다. 가장 보편적으로 쓰는 표현은 '웹(Web)'이다.

일상에 자연스럽게 녹아든 웹은 아침부터 저녁까지 우리에게 필요한 정보를 제공한다. 언제 어디서든 일기예보 확인부터 금융 거래까지 모든 것을 가능하게 한다. 여러분에게 편리함과 정보를 제공하는 웹을 만들기까지 개발자들의 많은 노력이 필요했다. '노력'이라고 하니 거창하게 들릴 수 있지만 웹을 구성하는 요소를 살펴보면 그 이유를 조금이나마 알 수 있다.

인터넷을 '정보의 바다'라고 비유한 표현을 자주 들어봤을 것이다. 바다를 탐험하기 위해서는 배가 필요한데, 그 배가 바로 '브라우저'다. 여러분은 어떤 브라우저를 즐겨 사용하는가? 구글이 만든 크롬, 네이버가 만든 웨일, 마이크로소프트가 만든 엣지, 러시아에서 개발된 얀덱스 등 다양한 브라우저가 존재한다. 아마 대부분은 크롬을 사용할 것이다. 사실 지금 말한 브라우저들은 모두 같은 엔진을 사용하고 있다. 바로 '크로미움' 기반으로 제작되었기 때문이다.

크로미움은 2008년 9월 구글에서 시작된 프로젝트다. 오픈소스 프로젝트이기 때문에 구글 개발자가 아니더라도 코딩을 잘하는 사람이라면 개발에 참여할 수 있다. 이 프로젝트를 통해 만들어진 소스코드로 완성한 브라우저가 바로 크로미움이다. 그러므로 누구나 크로미움 소스코드를 무료로 다운로드해서 입맛에 맞게 수정할 수 있다. 그 덕분에 크롬, 웨일, 엣지처럼 각 회사에 맞게 발전시켜 출시할 수 있게 되었다.

윈도우 운영체제를 설치하면 기본으로 설치되던 '인터넷 익스플로러'를 떠올린 사람도 있을 것이다. 이 브라우저는 어느 날 바람과 함께 사라졌다. 마이크로소프트는 2022년 6월 15일을 기점으로 인터넷 익스플로러의 서비스를 종료한다고 발표했다. 과거 점유율 95%를 자랑하던 브라우저가 26년 만에 역사 속으로 사라진 것이다. 갑자기 왜 왕좌를 크로미움에게 넘겨주게 되었을까? 인터넷 익스플로러는 악성코드 유포가 쉬운 구조를 가지고 있다. 보안에 취약하다는 뜻이다. 또 우리를 끔찍하게 괴롭히던 액티브X와 플러그인 등으로 인터넷 환경을 매우 불편하게 만들었다. 결정적으로 모바일 시대를 따라가지 못하는 단점이 크게 작용했다. 안드로이드의 크롬과 애플의 사파리에게 그 자리를 내어준 것이다.

기업들이 이렇게 치열하게 경쟁하며 브라우저 생태계를 구성하는 이유는 무엇일까? 여러분이 조금이라도 더 손쉽게 웹에 접속할 수 있도록 돕기 위해서다. 스마트폰으로 1초 만에 지구 반대편 소식을 들을 수 있는 비결도 바로 웹 브라우저 덕분이다. 그렇다면 웹이라는 공간을 누릴 수 있게 해주는 브라우저의 원리를 간단히 살펴보자.

아주 쉽게 설명하면 브라우저는 '요청'과 '응답'을 처리한다. 요청자는 여러분, 즉 사용자고 응답자는 서버다. 자, 주머니 속 스마트폰을 꺼내 크롬을 실행해보자. 그리고 구글에 접속한다. 검색어를 입력했는가? 이제 검색 버튼을 눌러보자. 그러면 브라우저는 구글 서버로 요청사항을 전송한다. 평소 웹사이트에서 각종 버튼을 클릭하는 모든 행위가 요청이다. 브라우저는 매번 여러분의 요청을 대신해서 서버에 전달하고 있는 셈이다. 참 기특하지 않은가? 그렇다면 요청을 받은 쪽은 무엇을 해야 할까? 사용자의 브라우저에 응답 값을 보내야 한다. 검색 요청에 합당한 응답 값을 구글 서버가 브라우저에게 전달한다. 브라우저는 그 응답 값을 화면에 보여주기만 하면 끝이다. 이때 화면에 응답 값을 그려주는 역할을 하는 기능이 바로 '렌더링 엔진'이다.

렌더링 엔진은 화가다. 그 분야는 어떤 사물을 보고 똑같이 그리는 '극사실화'다. 크로미움 기반의 브라우저에서는 이런 화가의 이름을 블링크(Blink) 엔진이라고 부른다. 이 렌더링 엔진은 서버에서 보낸 응답 값 그대로 브라우저에 그림을 그린다. 소스코드에 담긴 요소들의 크기, 너비 등을 참고하고 텍스트의 크기, 간격, 색상 등을 계산해 실시간으로 그려준다. 응답 값을 설명서처럼 참고해 화면에 즉석으로 그려내는 것이다. 그런데 사파리와 파이어폭스는 각각 'WebKit' 'Gecko'라는 렌더링 엔진을 사용한다. 즉 화면을 그려내는 화가가 다른 셈이다. 그래서 응답 값을 해석하는 데 약간의 견해 차이가 있어 스타일이 조금씩 달라지기도 한다.

그렇다면 렌더링 엔진은 어떤 재료를 가지고 그림을 그릴까? 일반적으로 3가지 재료를 사용한다. HTML, CSS, JavaScript다. HTML은 텍스트와 이미지를 다루며 웹의 뼈대 역할을 한다. CSS는 스타일을 정한다. 어떤 색상으로 구성할지, 그림이나 텍스트를 어떻게 배치할지를 다룬다. JavaScript는 HTML에 움직임을 부여해 정적인 요소를 동적으로 만들어준다. 이 복잡한 과정을 렌더링 엔진은 순식간에 처리한다. 속도가 굉장히 빠르기 때문에 그리는 과정을 눈으로 보기는 어렵다. 하지만 구글이 만든 크롬 확장 프로그램 '라이트하우스(Lighthouse)'를 이용하면 웹 화면이 그려지는 과정을 차례대로 확인할 수 있다. 인터넷 시대를 살아가는 우리에게 없어서는 안 될 브라우저는 지금도 열심히 인터넷을 항해하고 있다.

HTTP는 어디선가 들어본 낯설지 않은 네 글자다. 이 단어는 'Hyper Text Transfer Protocol'의 줄임말이다. 여기서 하이퍼텍스트(Hyper Text)는 우리가 컴퓨터나 스마트폰 화면에서 볼 수 있는 글자를 의미하며, 트랜스퍼(Transfer)는 전달을 뜻한다. 쉽게 말해 HTTP는 웹상에서 데이터를 전달하는 역할을 하는 것이다. 마지막으로 규칙(Protocol)은 특정한 절차를 따르는 약속을 의미한다. 이를 합쳐보면 '텍스트 전달 규칙'으로 해석할 수 있다.

Hyper Text Transfer Protocol

텍스트 전달 규칙

그렇다면 텍스트 전달 규칙은 어떻게 사용하는 걸까? 다행히 우리는 HTTP의 모든 규칙을 숙지하지 않아도 인터넷을 쉽게 이용할 수 있다. 마우스와 키보드로 명령을 내리면 브라우저가 HTTP 규칙을 따르면서 데이터를 주고받는 모든 과정을 자동으로 처리해준다. 하지만 한 가지 알아두면 좋은 규칙이 있다. 바로 URL이다. 예를 들어 구글에 접속하고 싶다면 'www.google.com'과 같은 도메인을 URL에 입력해야 한다. 주소를 입력하는 것은 인터넷을 사용하는 데 있어 사용자가 해야 하는 최소한의 행동이다. 그러나 브라우저가 발전하면서 주소창에 단순히 검색어만 입력해도 자동으로 검색이 실행되기 때문에 이제는 도메인조차 외우지 않아도 된다.

HTTP는 클라이언트와 서버 간의 규칙이다. 다시 말하면 여러분과 웹사이트의 규칙이다. 우리가 아마존 사이트에서 물건을 구매하기 위해 장바구니에 담을 때, 사용자는 아마존 서버에 요청을 보낸다. 이때의 요청을 'HTTP Request'라고 한다. 그러면 아마존은 상품을 잘 담았다는 메시지를 띄워주고, 장바구니 아이콘에 담았다는 표시로 '1'이라는 숫자를 보여준다. 이러한 서버의 응답을 바로 'HTTP Response'라고 한다.

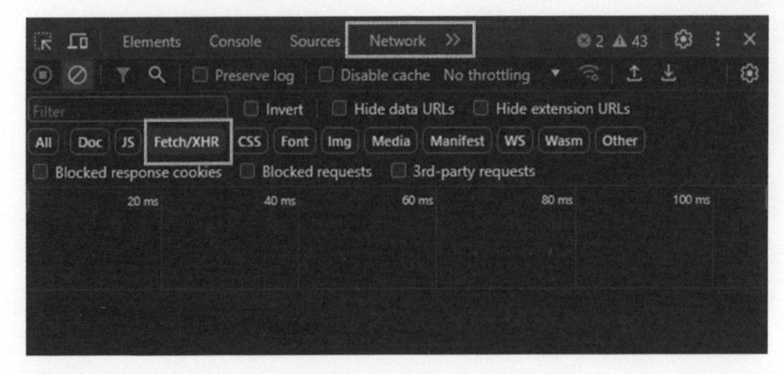

크롬으로 살펴본 아마존의 개발자 도구

신기하고 재미있는 실습을 해보도록 하겠다. 요청과 응답을 어떻게 주고받는지 몰래 훔쳐볼 수 있는 방법이 있다. 바로 크롬 브라우저를 이용하는 것이다. 어렵지 않으니 차근차근 따라와 보길 바란다. 크롬을 실행해 아마존(www.amazon.com)에 접속한다. 그리고 키보드에서 F12를 누른다. 그러면 브라우저 한쪽에 '개발자 도구'가 실행된다. 이 도구는 실제로 개발자들이 코딩을 할 때 자주 사용하는 도구로, 사용자와 웹사이트의 상호관계를 확인할 수 있다. 물론 요청과 응답도 확인이 가능하다.

개발자 도구의 상단에 탭을 자세히 보면 'Network'라는 버튼이 있다. 이를 클릭하고 중간에 보이는 'Fetch/XHR'을 클릭한다. 이렇게 하면 서버의 요청과 응답을 확인할 수 있도록 필터를 걸어주는 것이다. 다른 버튼들을 보면 'img'를 클릭하면 사이트의 이미지만 볼 수 있고, 'media'를 클릭하면 영상만 볼 수 있다.

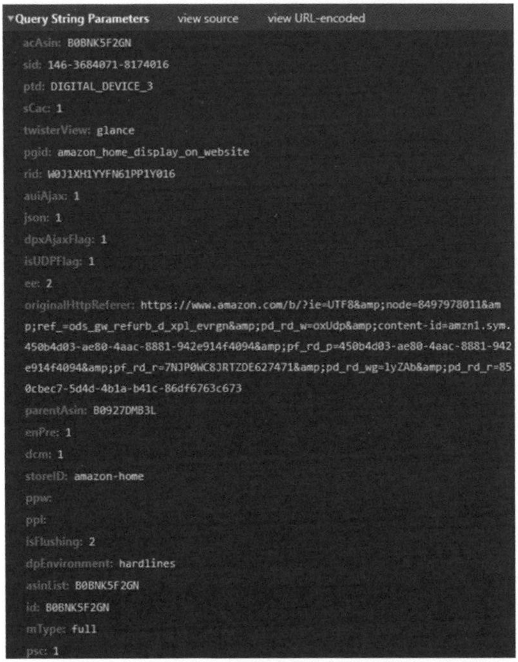

```
▾Query String Parameters    view source    view URL-encoded
acAsin: B0BNK5F2GN
sid: 146-3684071-8174016
ptd: DIGITAL_DEVICE_3
sCac: 1
twisterView: glance
pgid: amazon_home_display_on_website
rid: W0J1XH1YYFN61PP1Y016
auiAjax: 1
json: 1
dpxAjaxFlag: 1
isUDPFlag: 1
ee: 2
originalHttpReferer: https://www.amazon.com/b/?ie=UTF8&amp;node=8497978011&am
p;ref_=ods_gw_refurb_d_xpl_evrgn&amp;pd_rd_w=oxUdp&amp;content-id=amzn1.sym.
450b4d03-ae80-4aac-8881-942e914f4094&amp;pf_rd_p=450b4d03-ae80-4aac-8881-942
e914f4094&amp;pf_rd_r=7NJP0WC8JRTZDE627471&amp;pd_rd_wg=1yZAb&amp;pd_rd_r=85
0cbec7-5d4d-4b1a-b41c-86df6763c673
parentAsin: B0927DMB3L
enPre: 1
dcm: 1
storeID: amazon-home
ppw:
ppl:
isFlushing: 2
dpEnvironment: hardlines
asinList: B0BNK5F2GN
id: B0BNK5F2GN
mType: full
psc: 1
```

아마존 특정 제품의 'Payload' 내역

아마존에서 상품 페이지에 들어가 아무 상품의 옵션을 클릭한다. 그러자 'Name'이라는 항목에 여러 요청과 응답을 처리한 내역을 확인할 수 있다. 이제 'Payload'를 눌러보겠다. 페이로드란 서버에 전송하는 데이터를 뜻한다. 이는 앞서 배운 요청을 보냈다는 말이다. 이 말의 어원은 돈(pay)을 지불한 화물(load)이라는 뜻으로, 원하는 응답 값을 얻기 위해 요청 값을 지불한다고 생각하면 된다.

요청 값을 좀 더 자세히 살펴보겠다. 우리는 아마존 개발자가 아

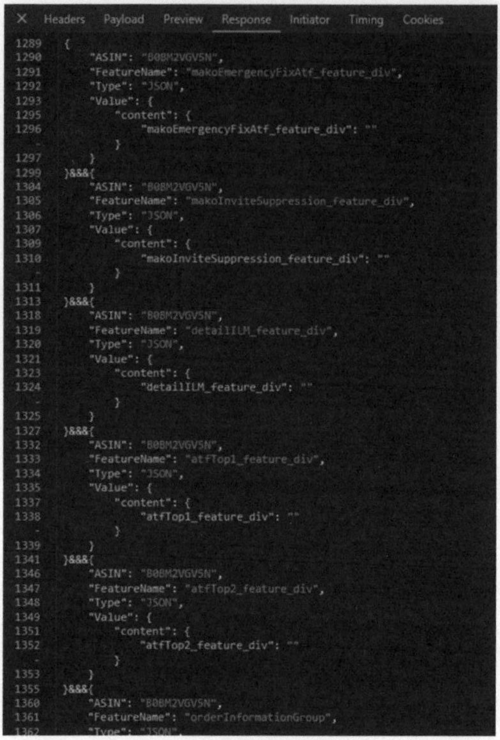

```
X Headers Payload Preview Response Initiator Timing Cookies
1289  {
1290      "ASIN": "B08M2VGV5N",
1291      "FeatureName": "makoEmergencyFixAtf_feature_div",
1292      "Type": "JSON",
1293      "Value": {
1295          "content": {
1296              "makoEmergencyFixAtf_feature_div": ""
   -          }
1297      }
1299  }&&&{
1304      "ASIN": "B08M2VGV5N",
1305      "FeatureName": "makoInviteSuppression_feature_div",
1306      "Type": "JSON",
1307      "Value": {
1309          "content": {
1310              "makoInviteSuppression_feature_div": ""
   -          }
1311      }
1313  }&&&{
1318      "ASIN": "B08M2VGV5N",
1319      "FeatureName": "detailILM_feature_div",
1320      "Type": "JSON",
1321      "Value": {
1323          "content": {
1324              "detailILM_feature_div": ""
   -          }
1325      }
1327  }&&&{
1332      "ASIN": "B08M2VGV5N",
1333      "FeatureName": "atfTop1_feature_div",
1334      "Type": "JSON",
1335      "Value": {
1337          "content": {
1338              "atfTop1_feature_div": ""
   -          }
1339      }
1341  }&&&{
1346      "ASIN": "B08M2VGV5N",
1347      "FeatureName": "atfTop2_feature_div",
1348      "Type": "JSON",
1349      "Value": {
1351          "content": {
1352              "atfTop2_feature_div": ""
   -          }
1353      }
1355  }&&&{
1360      "ASIN": "B08M2VGV5N",
1361      "FeatureName": "orderInformationGroup",
1362      "Type": "JSON",
```

아마존 특정 제품의 'Response' 내역

니므로 이 요청의 뜻을 모두 알 수는 없다. 하지만 대략적으로 유추해 보면 'acAsin' 값은 상품의 고유한 코드 값으로 확인할 수 있다. 해당 값을 복사해 아마존에 검색하면 우리가 보고 있는 상품이 검색된다. 이렇게 요청은 서버가 해석할 수 있는 데이터들의 집합이다. 개발자들이 머리를 맞대어 규칙을 정하기 때문에 사이트의 요청 값은 대부분 다르게 구성되어 있다.

이번에는 응답 값을 확인해 보겠다. 'Response'라는 탭을 클릭하면 복잡한 응답 값이 보인다. 이 부분을 응답 본문이라고 한다. 여기에는 HTML을 포함한 코드를 응답해주기도 하고, 필요한 정보만 'JSON'에 담아 정보를 노출하기도 한다. 현재 화면에 보이는 방식은 JSON으로, 옵션을 변경할 때 정보를 아마존 서버에서 보내온 값이다. 이를 해석해서 우리가 보고 있는 상품의 옵션이나 가격 등의 정보를 변경할 것이다. 역시 아마존에서 사용하는 규칙이라 정확히 알 수는 없지만, 'Asin'이란 항목은 요청과 마찬가지로 상품의 고유 코드를 다루고 있다. 아마존에서는 아마도 Asin이라는 코드가 상품을 의미한다는 것을 유추할 수 있다.

이번에는 'header'로 이동해보겠다. 이 탭에서는 요청과 응답에 대한 부가적인 정보를 확인할 수 있다. 마치 본문이 편지지라면 헤더 값은 편지봉투라고 할 수 있다. 부가적인 정보는 키와 값으로 구성되어 있다. 쉽게 말해 이름과 내용이 있는 것이다. 이러한 헤더 값은 '요청자' '요청 URL' '콘텐츠 타입' '현재 URL' 등 수십 가지가 존재한다. 그리고 개발자가 직접 요청 값을 만들어 보낼 수도 있다. 이렇게 요청과 응답의 부가적인 정보를 보내주면 개발자는 이 정보를 받아서 본문을 어떻게 활용해야 할지 힌트를 얻기도 한다.

예를 들어 글로벌 서비스를 제작한다고 하면, 서비스되는 국가에 따라 요청 값 헤더에 그 나라의 고유 코드를 입력해주는 방법이

아마존 특정 제품의 'header' 내역

다. 'Accept-Language'라는 헤더 값에 'KR' 대신 'EN을 담아 보내주면 서버에서는 이를 통해 미국에서 접속한 사용자로 인식해 글자를 모두 영문으로 보여줄 것이다. 이렇게 헤더는 쉽게 데이터의 속성을 구별할 수 있는 부가 정보로 활용이 가능하다.

이번에는 'HTTPS'이다. HTTP라는 단어에 'S'가 덧붙었다. 안전한(Secure)이라는 단어가 붙은 것을 보니 눈치챘을 것이다. 바로 '안전한 텍스트 전달 규칙'이다. 현재는 대부분의 웹사이트가 HTTPS로 시작하는 보안 프로토콜을 사용한다. 오히려 HTTP로 시작하는

Hyper Text Transfer Protocol Secure

텍스트 전달 규칙 안전한

주소를 본 지 오래되었다. 그 이유는 HTTPS는 웹서버와 브라우저 간의 정보를 암호화된 상태로 주고받기 때문이다. 정보가 노출되어도 암호화되어 있기 때문에 안전하다. 반면 HTTP는 정보를 평문으로 주고받기 때문에 오가는 정보를 중간에서 가로채기가 쉽다.

HTTPS를 이해하기 위해서는 SSL 디지털 인증서를 이해해야 한다. 이 인증서는 사용자와 웹사이트 간 안전한 통신을 보장해주는 문서다. 마치 사원증으로 회사 문을 열 수 있듯이 SSL 디지털 인증서를 가지고 사이트에 안전하게 접속할 수 있도록 도와주는 것이다. SSL을 통한 암호화 통신은 총 3단계로 나뉜다. 이 과정은 사람이 만나는 과정과 유사하다. 첫 번째로 악수를 한다. 'SSL 핸드셰이크'를 수행하는 것이다. 이때 데이터를 주고받기 위해 어떤 방법을 사용해야 하는지 서로의 상태를 파악한다. 기존의 HTTP는 80번 포트를 사용하지만, HTTPS에서는 SSL을 통해 443번 포트를 사용한다. 이 포트 번호 또한 약속이다. 사용자와 인증서의 협상이 완료되면 SSL 세션이 생성된다. 이제 암호화된 정보를 클라이언트와 서버는 원하는 데이터를 주고받을 수 있게 된다. 그리고 데이터 전송의 끝을 서로에게 알리며 세션을 종료한다.

3장.
코딩을 배워봅시다

책으로 공부하기

필자는 개발자이자 작가다. 필자가 쓰는 글은 누군가에게 읽을 거리가 된다. 그렇다고 글만 쓰면서 사는 것은 아니다. 반대로 책도 많이 읽는다. 지인들은 종종 "책이 영상보다 뭐가 나아?" 하고 묻는다. 그렇다. 요즘은 즐길 거리가 많은 시대다. 활자보다는 영상이 선호되는 시대다. 영상은 참 편리하다. 멍하니 바라보고만 있으면 각종 지식을 떠먹여 준다. 그렇지만 글은 다르다. 직접 눈으로 정독해야 한다. 집중과 노력이 필요하다 보니 영상에 비해 비효율적으로 느껴진다.

책이 다른 점은 '생각의 힘'을 만들어준다는 데 있다. 눈으로 직접 읽고 마음속으로 새기며 상상을 해야 하므로 생각의 힘을 길러 준다. 코딩을 책으로 공부하는 것 또한 독서의 일환이다. 그런데 요즘은 책을 통하지 않아도 검색엔진을 통해 코딩 정보를 쉽게 얻을 수 있다. 그럼에도 책으로 공부하는 이유는 무엇일까? 책은 작가와 출판사를 거치면서 온라인에 즐비한 정보보다 좀 더 체계적이고 신뢰성이 높아진다. 보다 정제된 언어와 양질의 정보로 학습할 수 있다. 책은 시작과 끝이 있기 때문에 그것을 지표 삼아 무언가를 체계적으로 깊게 파고 들기에 최적이다. 장점이 많은 만큼 책을 통해 공부하는 방법에 대해 이야기하려 한다.

좋은 코딩 책을 고르는 방법

필자도 IT 분야 책을 출간한 바 있다. 매일 인터넷서점에 들러 현황을 파악하는데 며칠만 지나도 신상품에 밀려 있다. 이처럼 하루에도 수백 종의 책이 쏟아진다. 과연 지식의 홍수 속에서 우리는 어떤 코딩 책을 골라야 할까? 그 방법을 알아보도록 하자.

책을 고를 때 핵심은 목차를 보는 것이다. 목차는 그 책에 어떤 내용이 담겨 있는지 한눈에 보여준다. 특히 코딩 책을 살 때는 다른 책보다 목차가 훨씬 중요한 역할을 한다. 왜냐하면 내가 필요로 하는 특정 기술이 그 책에 포함되어 있는지 확인해야 하기 때문이다. 목차는 마치 여행지의 지도와 같아서 가고자 하는 목적지가 책 안에 포함되어 있는지, 그리고 어떤 경로로 목적지에 도달할 수 있는지를 알려준다.

프로그래밍의 세계는 매우 광범위하다. 모든 기술과 개념을 다루려면 아마도 수천 페이지에 달하는 책이 필요할 것이다. 그래서 각 책은 특정 부분에 집중할 수밖에 없다. 마치 요리책이 각각의 요리나 재료에 따라 나뉘는 것처럼 프로그래밍 책도 웹 개발, 데이터 분석, 알고리즘 등 특정한 주제에 맞춰 집중적으로 다룬다. 그래서 목차를 확인하는 것은 가장 기초적이면서도 중요한 일이다.

단순히 페이지의 나열을 보는 것이 아니라, 내가 원하는 지식을 얻을 수 있는 길을 찾는 과정이다. 지도를 보며 여행 경로를 정하는 것처럼, 목차를 통해 학습 여정의 방향을 정해보자.

좋은 책을 고르는 건 마음에 쏙 드는 신발을 찾는 것처럼 어렵다. '좋은 책'이라는 기준도 애매하다. 인기가 많고 판매량이 높아도 나에게 맞지 않다면 무슨 의미가 있을까? 한 독서교육 전문가는 내게 맞는 책을 고르는 방법에 대해 이렇게 조언한다.

"만만하게 읽을 수 있는 책을 골라라."

객관적으로 좋은 책이란 없다. 누군가에게는 좋은 책이 나에게는 지루한 책일 수 있다. 만만한 책인지 아닌지 알기 위해서는 서점에 가서 여러 권의 책을 집어 약 30쪽 정도는 읽어봐야 한다. 그런 방식으로 여러 책을 살펴보다 보면 나도 모르게 술술 읽히는 책이 있다. 그 책이 바로 나와 맞는 책이다.

코딩 책은 책마다 개념을 설명하는 방식과 예제가 다르다. 그중에서 나에게 맞는 설명과 풀이법을 찾는 것이 중요하다. 내 수준에 맞다면 술술 잘 읽힐 것이고, 내 수준보다 너무 높다면 어려워서 진도 빼기가 힘들 것이다. 반대로 너무 쉬워서 아는 내용만 나오는 것도 문제다. 개발자가 되기 위해 준비하던 시절, 필자도 많은 책을 샀다. 대부분은 판매량이 많은 베스트셀러였다. 그런데 막상 그러한 책들은 나에게 너무 어려웠다. 아무리 읽어도 10페이지 이상 넘어가기 힘들었다. 그때 '왜 나는 이렇게 이해를 못할까?' '적성에 맞지 않나?' '남들은 쉽게 이해하고 넘어가는 건가?' 하는 불안감만 커졌다.

결국 다시 서점에 가서 수준에 맞는, 초보자를 위한 친절한 책을 골랐던 기억이 난다. 그 책을 통해서 조금씩 자신감을 찾을 수 있었다. 그리고 시간이 흘러 10여 년 이상의 경력이 쌓인 지금, 예전에 어려웠던 책을 다시 펼쳐 보니 술술 잘 읽혔다. 이처럼 나에게 맞는 책은 시기와 상황에 따라 달라질 수 있다. 유행을 따르는 선택이 아니라, 나에게 맞는 책을 선택하는 지혜가 필요하다. 발에 꼭 맞는 신발을 찾듯이 말이다.

책 200% 활용하기

축구를 잘하고 싶다면 먼저 기본적인 드리블, 패스, 슛 등의 기술을 익혀야 한다. 하지만 기술만으로는 부족하다. 실제로 축구 경기에 참여해 몸으로 느끼며 다양한 상황을 경험해보는 것이 실력을 높이는 가장 빠른 방법이다. 축구 경기를 눈으로 매일 본다고 해서 실력이 느는 것은 아니다. 코딩 역시 단순히 이론을 읽고 이해한다고 해서 실력이 느는 것은 아니다.

많은 학습자가 범하는 가장 큰 실수는 실습을 건너뛰는 것이다. 보통 코딩 책은 초반에는 기초와 이론을 다루고, 후반부로 가면서 실습을 진행하고 작은 프로젝트를 수행하게 된다. 이 과정은 앞서 배운 이론을 실제로 적용하며 눈으로 이해한 내용을 머릿속에 깊이 각인시키는 과정이다. 프로젝트를 직접 진행하면서 눈과 손으로 익힐 수 있다.

더 나아가 책에서 안내하는 실습뿐만 아니라, 나만의 독창적인 프로젝트를 만들어봐야 한다. 책에서 예시로 제시한 프로젝트를 그대로 따라 해보는 것도 중요하지만 거기서 한 걸음 더 나아가는 것이다. 약간 변형하거나 응용해서 나만의 아이디어를 더한 결과물을 만들어보자. 이렇게 하면 포트폴리오로 활용할 수 있는 창의적인 결과물을 얻게 될 뿐만 아니라, 실전에서 문제를 해결하는 능력과 창의적인 사고력을 기를 수 있다.

실습은 이론을 넘어 실제 문제 해결력을 키우기 위한 중요한 과정이다. 코드 작성에 익숙해지는 것은 물론이고, 오류를 찾아내고 해결하는 과정을 통해 진정한 실력자가 될 수 있다. 코딩은 머리로만 하는 것이 아니라 손으로, 그리고 경험으로 익히는 기술이다. 그러므로 실습을 충분히 하고, 나아가 자신만의 프로젝트를 진행하면서 창의적인 코딩을 경험하는 것이 중요하다.

마치 러닝을 할 때처럼 코딩에서도 가장 중요한 포인트는 매일 하는 것이다. 정말이다. 꾸준히 하는 것이 중요하다. 러닝을 할 때도 꾸준히 달리지 않으면 근육이 느슨해지고 체력이 떨어진다. 코딩 공부도 마찬가지다. 한 번 리듬을 잃으면 이전에 쌓은 지식과 이해도가 희미해진다. 앞서 공부한 내용이 연결되지 않기 때문에 다시 감을 잡는 데 시간이 걸리게 된다. 그래서 매일매일 조금씩이라도 뛰는 것처럼, 코딩을 매일매일 조금씩이라도 공부하는 것이 중요하다.

러닝에서 가장 좋은 방법은 힘들더라도 쉬지 않고 한 번에 길게 목표 지점을 향해 달리는 것이다. 코딩에서도 집중력을 최대한 발휘해 한 번에 끝까지 공부하는 것이 효율적일 수 있다. 그렇게 한 사이클을 완주하면 처음에는 힘들어도 결국 몸에 배게 되고, 그 결과 이해도가 훨씬 높아지며 오래 기억하게 된다. 러닝에서도 일정한 거리를 완주하면 자신감이 생기고 더 긴 거리에 도전할 수 있는 것처럼, 코딩 학습도 한 번 딱 집중해서 결과를 만들면 향후 학습에 탄력이 붙는다.

하지만 현실적으로 체력과 시간은 한계가 있다. 모든 사람이 매번 최선을 다해 길게 달릴 수는 없고, 모든 시간을 코딩에만 투자할 수 있는 것도 아니다. 그렇기에 꾸준히 시간을 쪼개어 조금씩이라도 매일매일 이어가는 것이 중요하다. 달리기에서 체력을 유지하려면 꾸준한 연습이 필요하듯이 코딩 공부에서도 매일 조금씩이라도 반복하는 것이 중요하다. 중요한 것은 한두 번 무리해서 달리는 것이 아니라, 지속 가능한 페이스로 끝까지 포기하지 않고 이어가는 것이다. 이런 꾸준함이 쌓일 때 러닝에서도 코딩에서도 좋은 결과를 얻을 수 있다.

두꺼운 코딩 책으로 공부를 시작하면 지루함에 빠지기 쉽다. 공부를 마칠 수 없을 것 같은 막막함이 몰려오고, 결국 의욕을 잃어 포기하고 싶은 마음이 커진다. 이런 이유로 필자는 여러 책을 동시에 공부하는 방식을 추천한다. 이 방법은 지루함을 줄이고 다양한 시각에서 개념을 이해하는 데 도움을 준다.

예를 들어 프런트엔드를 공부하는 경우 백엔드 관련 책을 병행하는 것이다. HTML을 배우고 있다면 CSS를 함께 공부해보는 것을 권한다. 서로 관련이 있지만 문법이나 접근 방식이 다른 주제를 병행함으로써 단일 학습에 대한 피로감을 덜 수 있다. 무엇보다 여러 기술을 균형 있게 익힐 수 있어 좋다.

여러 책을 함께 읽으면 한 가지 주제에 대해 보다 깊이 있는 이해가 가능하다. 동일한 주제라도 서로 다른 관점과 설명 방식을 제공하므로 보다 입체적으로 개념을 이해할 수 있다. 또 서로 다른 저자의 경험과 노하우를 접할 수 있어 실전에서의 활용능력을 높일 수 있다. 다양한 예시와 문제 해결의 실마리를 접하면서 시야를 넓힐 수 있다. 특정 개념이 막혔을 때 다른 책에서 힌트를 발견할 수도 있다.

참고로 이렇게 여러 책을 공부할 때는 반드시 진도를 정확하게 기록해둬야 한다. 다른 책으로 넘어갔다가 돌아올 때 헷갈릴 수 있다. 학습의 연속성을 유지하는 데 큰 도움이 된다. 진도를 기록하며 공부하면 어느 정도 성취감을 느낄 수 있고, 목표를 조금씩 달성해 가는 과정이 즐거워진다.

코딩 공부를 시작하는 학습자에게 필자는 감히 "일단 책부터 펼쳐라"라고 제안하고 싶다. 책 말고도 다양한 학습법을 소개하겠지만 당신이 코딩 공부를 꼭 책으로 시작했으면 한다. 종이책이 주는 안정감과 편안함도 있지만 그것보다 중요한 것은 마음가짐이다. 눈에 보이는 코딩 책 한 권을 책상 위에 올려두는 것만으로도 분위기가 바뀌고 그 자체로 동기부여가 된다. 종이책 한 권을 곁에 두는 것만으로도 이미 당신은 예비 개발자가 되었다고 말할 수 있다.

블로그로 공부하기

책만큼 유용한 것이 바로 블로그다. 사실 블로그만으로 공부하는 것은 어려울 수 있다. 지식의 완성을 책임지지 않고 단편적으로 정보들이 흩어져 있기 때문이다. 전체적인 흐름은 책이나 강의를 통해 잡고, 부족한 부분을 블로그로 보완하는 방식이 좋다.

현재 수많은 블로그와 사이트에 여러 개발자가 올린 코딩 노하우와 정보가 쌓여 있다. 그런데 블로그가 코딩 공부에 유용하게 활용되기 시작한 건 그리 오래되지 않았다. 구슬이 서 말이라도 꿰어야 보배다. 아무리 좋은 정보라도 흩어져 있어서 취합할 수 없다면 소용이 없다. 과거에는 검색엔진의 능력이 지금처럼 뛰어나지 않았기 때문에 원하는 정보만 빠르게 찾기가 쉽지 않았다. 하지만 지금은 꼭꼭 숨어 있는 정보를 쉽게 찾을 수 있다. 바로 '구글'이 있기 때문이다.

구글의 검색엔진은 '페이지 랭크(Page Rank)'라는 기술로 검색어와 관련성이 가장 높은 결과를 보여준다. 이 기능은 세밀한 공식을 사용해서 객관적인 웹페이지 순위를 계산한다. 객관적인 순위를 통해 사용자에게 신뢰 높은 좋은 정보를 제공할 수 있다. 이러한 편리성 때문에 현장에서 개발자들은 구글을 '갓구글'이라고 칭하며 코딩에 적극적으로 이용한다. 오류 메시지가 뜨면 그 문장을 그대로 구글에 검색해보자. 수많은 개발자가 참고한 해결법을 찾아준다. 필요한 코딩 지식도 해당 지식을 잘 정리한 훌륭한 블로거의 글을 띄워준다. 이 모든 걸 무료로 1천 분의 1초라는 속도로 서비스한다. 정말 갓구글이다.

무료로 가르치면서 배울 수 있다

필자는 각종 기록을 위해 노션을 1년에 약 5만 원을 주고 사용하고 있다. 노션은 마치 모든 지식을 하나의 멋진 서재로 정리해주는 도구처럼, 내게 필요한 지식을 깔끔하게 정리할 수 있게 도와준다. 훌륭한 오답노트 역할도 하고 있어 코딩을 할 때 구글만큼이나 필요한 프로그램이 되었다. 노션 덕분에 마치 내가 방대한 도서관의 사서가 된 것처럼 체계적으로 정보를 관리하고 필요한 순간에 꺼내볼 수 있게 되었다.

그런데 사실 꼭 유료 서비스가 아니더라도 무료로 자신의 코딩 노하우와 오답노트를 기록할 수 있는 방법이 있다. 바로 블로그 서비스다. 블로그는 대부분 무료로 제공되며 아직 유료로 전환된 경우는 본 적이 없다. 게다가 블로그에는 다양한 기능이 갖춰져 있다. 강력한 에디터 기능은 물론이고 백업 기능도 편리하다. 스마트폰부터 PC까지 여러 플랫폼에서 사용할 수 있어 언제 어디서든 기록을 남길 수 있다. 일기장과 백과사전의 기능을 겸비한 강력한 도구인 셈이다.

블로그는 노션과는 또 다른 방식으로 많은 사람과 지식을 공유하고 성장할 수 있는 기회를 제공한다. 노션이 개인 서재라면 블로그는 여러 사람이 모여드는 도서관과 같다. 이렇게 블로그를 무료로 사용하면서 기록도 하고, 동시에 다른 사람에게 공유도 할 수도 있다. 블로그의 진짜 강점은 바로 가르치면서 배울 수 있다는 것이다. 지식을 나누다 보면 실력이 쌓인다. 블로그를 통해 기술을 기록하고 누군가에게 전수하듯이 사용하면 성취감을 맛볼 수 있다. 그리고 내가 현재 코딩 공부를 잘하고 있는지, 무엇을 모르는지, 어떤 부분이 부족한지 알 수 있다.

다른 사람이 정리해놓은 지식을 찾는 것도 좋지만 내가 누군가에게 지식을 제공하는 기여자가 되는 것도 한 방법이다. 내가 아는 지식을 온라인상에서 설명해주다 보면 그 문제에 대해 보다 잘 알 수 있게 된다. 실제로 '남 가르치기(Tech Others)'라는 공부법은 다른 학습에서도 검증된 방식이다.

필자는 약 3천여 개의 글을 블로그에 올려놓았다. 하루 방문자 수는 약 5천 명이다. 이는 열심히 살아온 증거이자, 열심히 코딩을 공부했다는 증거이기도 하다. 또 겸사겸사 블로그를 운영하면서 돈을 벌 수도 있다. 필자는 애드센스 광고를 설치해서 돈을 벌고 있다. 정말로 블로그를 통해서 광고료가 들어온다. 정보를 제공하는 것만으로 용돈을 벌 수 있다. 또 인플루언서가 되면 각종 협찬 제안도 들어오고 행사에도 참여할 수 있다. 필자처럼 책을 낼 수도 있고 강의에 초대될 수도 있다. 블로그를 시작했을 뿐인데 평범한 개발자가 책도 쓰고, 강의도 하고, 초대도 받게 된 것이다.

참고로 블로그를 운영할 수 있는 플랫폼은 다양하다. 모두 무료이니 선택은 자유다. 업체마다 특성이 있고 장단점이 존재한다. 어떤 플랫폼이 좋을지 알아보자.

1. 티스토리

누구나 접근하기 쉬운 블로그 플랫폼이다. 필자도 티스토리로 블로그를 운영 중이다. 보편적인 플랫폼이고 개발자들이 쉽게 접근할 수 있어 많은 개발자가 사용 중인 것으로 판단된다. 구글에 검색 결과가 노출되고, 애드센스를 달아서 수익을 낼 수 있다. 단점은 네이버 검색에 노출되지 않는다는 것이다. 그런데 사실 기술 검색을 네이버에서 하는 개발자는 거의 없기에 큰 단점으로 보이지는 않는다.

2. 네이버 블로그

네이버 노출의 최적인 블로그다. 그래서 필자는 추천하지 않는다. 앞서 말한 것처럼 개발자라면 구글 노출이 핵심이다. 그리고 에디터 프로그램도 코드를 리뷰하기에 적합하지 않다. 가끔 신뢰성 높은 글은 구글 최상단에 노출되기도 하지만 보편적으로 사용하기엔 좋지 않다. 네이버가 운영하는 애드포스트로 광고료를 벌 수도 있지만 금액이 애드센스에 비해 적은 편이다. 웬만하면 네이버 블로그는 피했으면 한다.

3. 깃허브 페이지

깃허브 블로그는 소스들을 웹에서 볼 수 있도록 호스팅 서비스를 제공해준다. 지킬(Jekyll), 휴고(Hugo), 패스트API(FastAPI) 등을 사용해서 자유롭게 블로그를 운영할 수 있다. 깃허브로 블로그를 생성할 경우 최고의 장점은 개발자다운 블로그를 운영할 수 있다는 점이다. 타 플랫폼에 비해 접근성이 떨어지기 때문에 깃허브 페이지를 다룰 줄 아는 것만으로도 어느 정도 신뢰성을 보장받을 수 있다. 애드센스를 달 수 있는 것도 장점이다.

4. 브런치스토리

요즘 브런치스토리에서 기술 블로그를 운영하는 분이 간혹 보인다. 코딩 블로그와 거리가 멀어 보이지만 브런치스토리만의 독특한 특성(에디터팀으로부터 작가 승인을 받아야 게재 가능)이 있어 문장력이 상대적으로 뛰어나다. 최근에는 '응원하기'라는 후원 서비스도 생겨 수익 창출이 가능해졌다. 또 글을 모아 브런치북으로 발간함으로써 포트폴리오로 사용할 수 있다. 잘 만든 브런치북은 출판사를 통해 출간 제안이 들어오기도 한다. 한 권의 책처럼 코딩 기술을 정리하고 싶은 사람에게 좋은 선택이 아닐까 싶다.

블로그 운영의 가장 큰 장점은 언제든지 시작할 수 있다는 것이다. 어렵거나 복잡한 절차 없이 원하는 블로그 플랫폼을 선택해 가입하고, 첫 번째 글을 작성하는 것만으로도 학습을 시작할 수 있다. 매우 간단하면서도 효과적인 학습법이다. 개발 공부는 시작이 가장 중요하기 때문이다.

블로그에 글을 쓰면서 자신이 배운 내용을 정리하고, 이를 기록으로 남기다 보면 자연스럽게 학습의 깊이가 깊어지고 폭이 넓어진다. 또한 여러 사람과의 소통을 통해 피드백을 받고, 더 나은 방향으로 발전할 수 있는 기회를 제공받는다. 첫 번째 글을 완성하는 것만으로도 개발자가 되기 위한 훌륭한 발걸음을 내딛는 것이라고 할 수 있다.

고코더의 공부법

급변하는 시대에, 특히 개발자의 세계는 하루가 다르게 변한다. 과거의 지식과 경험만으로는 최신 기술을 갖춘 기업이 원하는 개발자가 될 수 없다는 사실을 우리는 알고 있다. 이처럼 빠르게 돌아가는 세상 속에서 야마구치 슈는 『독학은 어떻게 삶의 무기가 되는가』를 통해 독학의 중요성을 강조한다. 독학으로 일본 최고의 전략 컨설턴트로 성공을 거둔 그는 다음의 4가지를 근거로 독학의 필요성을 이야기한다.

1. 학교에서 배운 지식은 급속히 시대에 뒤떨어지고 있다.

2. 지금의 (산업)구조를 근본부터 뒤집는 혁신의 시대가 도래했다.
3. 노동 기간은 길어지고 기업의 전성기는 짧아졌다.
4. 2개 영역을 아우르고 결합할 수 있는 지식이 필요한 시대가 되었다.

결국 학교나 학원에서 배운 지식으로는 사회에서 살아남기 힘들다. 제4차 산업혁명이 도래하면서 시대의 변화가 급격히 빨라졌고, 그에 맞는 혁신을 위해서 우리는 끊임없이 공부를 해야 한다. 또 기업의 수명이 짧아지면서 한 가지 전공만으로는 부족한 시대가 되었다. 이 이야기는 IT 업계에도 그대로 적용할 수 있다. 하나의 학습법 혹은 하나의 프로그래밍 언어만 파는 것이 능사가 아니다. 생존을 위해서는 '독학'으로 어떤 상황에서도 스스로 일어날 수 있는 힘을 키워야 한다.

고코더만의 코딩 학습법

부족하지만 그동안 필자가 실천한 나름의 코딩 공부법을 소개하고자 한다. 필자의 공부법이 정답이 아니란 걸 밝힌다. 각자 자신에게 맞는 학습법을 찾고 연구해보도록 하자.

필자에게 코딩 공부 시간은 곧 강의를 준비하는 시간이다. 이 말이 조금 어렵게 들릴 수 있겠지만 말 그대로다. 공부를 하면서 즉시 강의로 만든다. 누군가를 가르친다는 마음가짐으로 학습을 하면, 진도는 굉장히 느리지만 그만큼 깊이 있고 제대로 이해할 수 있다. 단순히 배우는 것을 넘어서 마치 강의를 준비하는 선생님처럼 모든 개념을 정리하고 설명하려고 하다 보면 자연스럽게 머릿속에서 지식이 체계를 갖추게 된다.

단순히 준비로 끝나지 않는다. 강의 내용을 그대로 두는 것이 아니라 다른 곳에 적극적으로 활용한다. 필자는 강의 내용을 토대로 블로그에 콘텐츠를 올린다. 관련 내용을 하나의 카테고리에 모아 언제든지 쉽게 접근할 수 있도록 한다. 그렇게 글을 쓰다 보면 어느새 하나의 기술서가 완성되고 이를 전자책으로 발행하곤 한다. 이렇게 해서 나온 전자책이 『아메리카노 한잔으로 배우는 Node.js Express 기본편』이다. 마치 작은 씨앗을 심어 한 그루의 나무로 자라게 하듯이 블로그 글이 쌓여 한 권의 책이 완성된다.

강의를 완성하게 되면 좋은 점이 하나 있다. 수년이 지나서 내용을 까먹더라도 자신이 쓴 글을 펼쳐보면 금방 기억을 되살릴 수 있다. 비유하자면 잃어버린 길을 걷다가 과거에 남겨둔 표지판을 발견하는 것과 같다. 표지판을 따라가다 보면 어느새 다시 익숙한 길 위에 서 있는 자신을 발견하게 된다. 공부는 휘발성이 강한 활동이라 아무리 힘들게 공부해도 1년만 지나면 모든 것이 증발해버린 느낌이 든다. 강의를 준비하면서 학습하는 방법은 그 내용을 오랫

동안 기억에 남도록 만들어준다. 또 직접 쓴 책이나 블로그를 다시 찾아보면 금방 예전의 감각을 되찾을 수 있다.

물론 이러한 학습법은 분명 느리고 고된 여정이다. 그러나 그만큼 깊이 있는 학습과 탄탄한 이해를 보장해준다. 한 번에 지름길로 가로지르는 것이 아닌, 작은 길을 차근차근 밟아가며 천천히 산을 오르는 것과 같다. 느리지만 발자국은 오래도록 남을 것이고, 다시 그 길을 찾아갈 수 있는 이정표가 될 것이다. 이렇게 강의를 준비하며 학습하는 것은 코딩 기술을 나만의 언어와 이야기로 체화하는 가장 확실한 방법이다.

출퇴근 시간을 보통 1시간 정도라고 하면 한 달이면 약 30시간이 넘는다. 30시간이라니, 하루가 훌쩍 넘는 시간이다. 이 시간 동안 우리는 무엇을 할 수 있을까? 개인적으로 이 시간은 코딩 공부를 하기에 가장 좋은 시간이라고 생각한다. 특히 이론을 중심으로 한 프로그래밍 책을 읽기에 딱 좋다.

솔직히 말해서 프로그래밍 이론 책은 아무리 봐도 이해가 잘 가지 않는다. 책장을 넘길 때마다 어려운 개념이 쏟아지다 보니 마치 외국어로 가득 찬 사전처럼 느껴질 때가 많다. 이런 책은 한두 번 읽는다고 머리에 쏙 들어오는 것이 아니다. 자주, 꾸준히 봐야 비로소 머릿속에 각인된다. 또 이런 책은 컴퓨터 앞에 앉아서 읽기에는 뭔가 좀 아깝다는 생각이 든다. 코딩을 직접 하기에도 바쁜데 독서라니? 컴퓨터 앞에서는 손을 타닥타닥 움직여서 코드 한 줄이라도 더 써야 할 것 같은 강박이 생긴다. 그래서 출퇴근길처럼 자투리 시간에 이론 책을 읽곤 한다. 꼭 당장 이해하지 않아도 좋다. 그냥 습관적으로 읽다 보면 어느 순간 머릿속에서 퍼즐 조각이 맞춰지는 때가 온다.

이론 책을 고를 때는 쉬운 그림과 비유로 설명해주는 책을 추천한다. 프로그래밍이 아무리 논리적이고 복잡한 내용이라고 해도 그것을 사람의 일상과 연결해 비유로 풀어주는 책은 기억에 오래 남는다. 예를 들어 객체지향 프로그래밍을 설명할 때 커피숍의 손님, 바리스타, 커피머신 등을 예로 들어 비유하는 책이 있다면 어떨까? 무척 쉽게 다가온다. 그렇게 머릿속에 이미지로 각인시키는 것이 훨씬 효율적이다.

프로그래머들은 이론 책을 기피하는 경향이 있다. 실무에서는 코드가 더 중요하다는 생각한다. 하지만 이론에 대한 이해는 장기적으로 프로그래머의 업무에 큰 도움이 된다. 예를 들어 면접을 볼 때 면접관이 던지는 질문은 이론에 기반한 것이다. 그럴 때 이론을 정확히 알고 있다면 훨씬 자신 있게 답할 수 있다. 또 회의에서 동료들과 시스템의 구조나 최적화에 대해 논의할 때도 이론적 배경이 탄탄하다면 깊이 있는 대화를 나눌 수 있다.

개인적인 경험을 하나 이야기하자면, 예전에 출퇴근길에 디자인 패턴에 관한 책을 읽은 적이 있다. 처음에는 싱글톤 패턴이니 팩토리 패턴이니 용어가 무척 생소해서 마치 암호를 해독하는 기분이었다. 그런데 어느 날 팀 회의에서 싱글톤 패턴에 대해 논의하는 순간이 왔다. 그때 자연스럽게 책에서 읽은 내용을 떠올리며 의견을 냈다. 동료들이 고개를 끄덕이던 그 순간의 뿌듯함을 아직도 기억한다.

다양한 코딩 학습법에 대해 이야기했지만 이러한 방법은 결국 도구에 불과하다. 개발자의 능력을 향상시키기 위해서는 처음 말한 것처럼 독학이 중요하다. 어떤 위치나 상황 속에서도 학습을 지속할 수 있는 가장 기초적인 방법은 스스로 학습하는 것이다.

필자는 낮에는 일하고, 저녁에는 재직자 환급 과정으로 학원을 6번이나 다녔다. 안 하는 것보다는 확실히 좋았지만 그럼에도 큰 효과는 보지 못했다. 아무리 좋은 교육과정이라고 할지라도 '독학'으로 체화하지 않으면 효과가 제한적일 수밖에 없다. 결국 자신만의 공부법을 찾고 이를 통해 끊임없이 발전하는 것이 무엇보다 중요하다.

이 글을 읽는 수많은 예비 개발자에게 전하고 싶은 메시지는 간단하다. 독학은 개발자로서 성장하기 위한 가장 강력한 무기다. 상황이 어렵고 여건이 여의치 않아도 독학을 통해 지식을 확장해야 한다. 각자의 환경과 상황에 맞는 자신만의 독학 방법을 연구하고 꾸준히 실행하길 바란다. 실패해도 괜찮고, 속도가 느려도 괜찮다. 중요한 것은 포기하지 않고 끊임없이 배우려는 자세다. 부디 독학을 통해 꿈꾸는 개발자의 모습에 가까워질 수 있기를 바란다.

한 걸음 쉬어가기

어떤 코딩을 배웠는지 말해달라

"당신이 무엇을 먹었는지 말해달라. 그러면 당신이 어떤 사람인지 알려주겠다."

프랑스의 미식가 장 앙텔름 브리야사바랭(Jean Anthelme Brillat-Savarin)의 말이다. 그는 『미식 예찬』을 통해 '당신이 먹는 것이 곧 당신이다'라는 유명한 말을 남겼다. 이 말은 변주되어 '당신이 타는 차가 당신을 말해준다' '당신이 구매하는 것이 곧 당신이다' 등 다양하게 사용되고 있다. 그런데 사실 '당신이 먹는 것이 곧 당신이다'라는 말의 정확한 의미는 신분에 따라 먹는 음식의 종류가 달랐던 시대적 상황을 지적한 것이었다. 어떤 경우든 재밌는 문장이다. 그래서 필자도 변주를 해봤다.

"당신이 어떤 코딩을 배웠는지 말해달라. 그러면 당신이 어떤 개발자인지 알려주겠다."

당신이 공부한 재료에 따라 어떤 개발자인지 알 수 있다. 영어를 배우면 영어 통역가가 되고, 프랑스어를 배우면 프랑스 통역가가 되듯이 프로그래머도 선택한 언어에 따라 걸어갈 길이 달라진다. 그래서 개발자를 만났을 때 항상 "당신은 어떤 언어로 코딩을 하나요?"라고 묻는다. 이 질문으로 그 사람이 어떤 개발자인지 알 수 있기 때문이다. 예를 들어 '언리얼 엔진'을 한다고 하면 게임 개발자라고 판단할 수 있고, '자바'를 한다고 하면 웹이나 응용 개발자일 것이라 예측할 수 있다. 이렇듯 개발자는 무엇을 배우고 어떤 언어를 선택했는지가 중요하다. 그에 따라 직군이 달라지기 때문이다

소프트웨어 개발은 끊임없이 변화하고 있다. 소프트웨어 산업의 지속적인 혁신으로 인해 새로운 기술이 혜성처럼 등장한다. 그에 따라 개발자의 직무를 설명하는 프런트엔드 개발자, 백엔드 개발자와 같은 단어들이 생겨났다. 처음에는 비공식적으로 사용되었지만 이제는 모두가 이해하는 전문 용어가 되었다. 취업 사이트에서도 이러한 단어들로 개발자를 구인하고 있다.

그렇기에 앞서 비유한 것처럼 어떤 코딩을 배웠는지 알면 어떤 개발자가 될 수 있는지 알 수 있다. 이제 19가지 타입의 개발 직군에 대해 알아보겠다. 참고로 이러한 개발자 분류는 로렌조 파스콸리스(Lorenzo Pasqualis)의 정의를 참조했다.

1. 프런트엔드 개발자

시각적 사용자 인터페이스를 프로그래밍하는 데 특화된 개발자다. 프런트엔드 개발자의 코드는 웹 브라우저, 즉 사용자의 컴퓨터에서 실행된다. 이 작업은 컴퓨터 과학뿐만 아니라 인간과 시스템 디자인 원리에 대한 깊은 이해가 필요하다. 프런트엔드 개발은 브라우저 호환성 문제를 다루고, UI의 시각적 표현을 세밀하게 조정하는 데 사용된다. 주요 기술로는 UI(User Interface), UX(User eXperience), CSS, JavaScript, HTML, 그리고 React, Vue, Angular, Svelte와 같은 UI 프레임워크 등이 있다.

2. 백엔드 개발자

소프트웨어 또는 시스템의 설계, 구현, 기능적 핵심 로직, 성능 및 확장성을 전문으로 하는 개발자다. 백엔드 시스템은 사용자에게 보이지 않지만 매우 복잡한 구조로 되어 있다. 예를 들어 구글의 검색 버튼은 간단한 UI처럼 보이지만 그 이면의 백엔드 시스템은 매우 복잡하다. 백엔드 개발자는 주로 자바, C, C++, Ruby,

Perl, 파이썬, 스칼라, Go 등의 언어를 사용한다. 데이터베이스, 데이터 스토리지 시스템, 캐싱 시스템, 로깅 시스템, 이메일 시스템 등과 같은 다양한 서비스를 다룬다.

3. 풀스택 개발자

프런트엔드와 백엔드를 모두 다룰 수 있는 개발자다. 따라서 웹 애플리케이션을 완전하게 만드는 데 필요한 기술을 갖추고 있다.

4. 미들티어 개발자

브라우저에서 움직이는 Non-UI 코드와 서버에서 움직이는 코어와는 관계없는 코드를 구현하는 개발자다. 미들티어 개발자는 프런트엔드나 백엔드에 특화되어 있지는 않지만 두 영역 모두 다룰 수 있는 개발자를 일컫는다. 이는 커리어라기보다는 스킬 셋에 해당하며, 미들티어 개발자라는 타이틀을 가진 엔지니어는 소수다.

5. 웹 개발자

웹사이트를 만드는 데 특화된 소프트웨어 엔지니어다. 웹 개발자는 프런트엔드 개발자, 백엔드 개발자, 미들티어 개발자, 풀스택 개발자를 포함한다. 웹 개발은 1990년대 말과 2000년대 초반, 소프트웨어 엔지니어로 진입하는 일반적인 방법이 되었다. 컴퓨터 과학의 기초가 없어도 프로그래밍을 배우고 싶은 사람에게 매력적인 옵션이다.

6. 데스크톱 개발자

데스크톱 운영체제(MacOS, Windows, Linux 등)에서 실행되는 소프트웨어 애플리케이션을 개발하는 개발자다. 주로 Turbo Pascal, Turbo C, Visual Basic, Quick C, Visual Studio, Delphi와 같은 개발 환경을 사용하며 Cocoa, XAML, WinForms, Gtk와 같은 GUI 툴킷을 활용한다.

7. 모바일 개발자

스마트폰이나 태블릿과 같은 소비자용 모바일 기기에서 실행되는 애플리케이션의 코드를 작성하는 개발자다. iOS 및 Android와 같은 모바일 운영체제용 소프트웨어를 개발하며 자바, Swift, Objective-C를 사용한다.

8. 그래픽 개발자

그래픽 개발은 고급 수학과 컴퓨터 과학에 대한 지식이 필요한 저수준 개발에 속한다. DirectX, OpenGL, Unity 3D, WebGL과 같은 프레임워크를 사용하며, 더 능력 있는 그래픽 개발자는 저수준 언어인 C, C++, Assembly를 사용해야 한다.

9. 게임 개발자

게임을 만드는 데 특화된 개발자를 일컫는 총칭이다. 이들은 DirectX, OpenGL, Unity 3D, WebGL과 같은 프레임워크와 C, C++, 자바 등의 언어를 사용해서 게임의 상호작용과 경험을 구현한다.

10. 데이터 사이언티스트

데이터를 분석하는 소프트웨어 프로그램을 개발하는 개발자다. 주로 통계분석, 머신러닝, 데이터 시각화, 예측 모델링을 담당하며 SQL, R, 파이썬 등을 사용한다.

11. 빅데이터 개발자

빅데이터 개발자는 데이터 웨어하우스, ETL 시스템, 관계형 데이터베이스, 데이터 레이크 관리 시스템 등에서 방대한 양의 데이터를 저장하고 추출하는 소프트웨어 프로그램을 개발한다. MapReduce, Hadoop, Spark와 같은 프레임워크를 사용하며 SQL, 자바, 파이썬, R 등의 언어를 다룬다.

12. 데브옵스 개발자

백엔드 소프트웨어와 분산 시스템을 설계, 배포, 통합, 관리하는 데 능숙한 개발자다. 주로 Kubernetes, Docker, Apache Mesos,

HashiCorp 스택(Terraform, Vagrant, Packer, Vault, Consul, Nomad), Jenkins 등의 도구를 사용한다.

13. CRM 개발자

사용자와 소비자 데이터를 수집하는 시스템을 개발하는 데 특화된 개발자다. CRM 개발자는 고객지원, 회계, 세일즈와 관련된 툴을 개선해 소비자 만족도와 매출을 향상시키며 SAP, Salesforce, SharePoint, ERP 등을 사용한다.

14. 소프트웨어 테스트 엔지니어

소프트웨어 시스템의 품질을 검증하기 위한 소프트웨어 개발자를 말한다. 자동화된 테스트 도구 및 시스템을 만들어 제품과 프로세스가 예상대로 작동하는지 확인하며 주로 파이썬, Ruby, Selenium 등을 사용한다.

15. 임베디드 소프트웨어 개발자

하드웨어 관련 개발을 담당하는 개발자다. 마이크로컨트롤러, 리얼타임 시스템, 전자 인터페이스, 셋톱박스, IoT 디바이스, 하드웨어 드라이버 등을 개발하며 C, C++, Assembly, 자바 등의 언어를 사용한다.

16. 고급언어 개발자

고급언어(High-Level Language)를 사용하는 개발자로 주로 PHP, Perl, 파이썬, Ruby와 같은 언어로 작업한다. 웹 개발자가 보통 여기에 속한다.

17. 저급언어 개발자

저급언어(Low-Level Language)를 사용하는 개발자로 주로 Assembly, C를 사용해 하드웨어와 가까운 코드를 작성한다. 임베디드 소프트웨어 개발자가 보통 여기에 속한다.

18. 워드프레스 개발자

워드프레스 테마와 플러그인을 만들고 커스터마이징하는 개발자다. 또한 워드프레스 사이트를 관리하며 WordPress system, PHP, JavaScript, HTML을 사용한다.

19. 보안 개발자

소프트웨어 시스템의 보안을 테스트하고 보안 결함을 수정하는 시스템, 방법, 절차를 만드는 데 특화된 개발자다. 시스템의 취약점을 찾아내기 위해 시스템에 침투하는 경우 화이트 해커라고도 불리며 주로 파이썬, Ruby와 같은 스크립팅 언어를 사용해 툴을 만들고 시스템을 공격하는 패턴을 이해하고 있다. 더 능력 있는 보안 개발자가 되기 위해서는 C, C++로 작성된 운영체제 소스코드를 읽고 이해할 수 있어야 한다.

당신은 어떤 코딩을 배웠고, 배울 예정인가? 19가지 개발자 직군에서 필요한 언어가 무엇인지 확인해보자. 무엇을 먹는지에 따라 평가가 달라지는 것처럼 어떤 코딩을 배웠는지에 따라 선택할 수 있는 직군이 나뉜다. 관심 있는 분야가 있다면 먼저 언어 레시피를 확인하고 먹어보는 건 어떨까?

4장.
개발자로 변신하기

프런트엔드 개발자가 되고 싶다면

프런트엔드 개발자를 꿈꾼다면 가장 먼저 드는 생각이 '어떤 언어부터 배우지?'일 것이다. 한 가지 확실한 것은 HTML, CSS, JavaScript가 매우 중요하다는 것이다. 이 3가지는 웹 개발의 기초로 웹페이지를 만들고, 스타일을 입히고, 동작을 부여하는 데 필수적인 기술들이다. HTML은 웹페이지의 뼈대를 구축하고, CSS는 그 페이지를 아름답게 꾸미고, JavaScript는 페이지에 생명을 불어넣는 역할을 한다. 처음 웹 개발을 배우는 사람이라면 이 3가지를 잘 다루는 것이 기초를 다지는 가장 좋은 방법이다. 나아가 다양한 프레임워크와 라이브러리를 배우는 데 있어 큰 도움이 된다.

처음에는 어렵게 느껴질 수 있지만 차근차근 따라가다 보면 분명히 해낼 수 있다. 중요한 것은 끈기와 자신감이다. 꾸준히 도전하면서 작은 성취를 쌓아간다면, 어느새 웹을 능숙하게 다루는 자신을 만나게 될 것이다. HTML, CSS, JavaScript는 웹 개발의 문을 여는 중요한 열쇠다. 시작이 반이다. 용기를 내어 시작해보자.

마크업 언어
HTML, CSS

그런데 만약 누군가가 "당신은 어떤 언어를 할 수 있는가?"라는 질문에 "HTML, CSS를 다룬다"라고 대답한다면 무시당하기 일쑤일 것이다. 이 두 언어는 프로그래밍 언어가 아니라 '마크업 언어'다. 마크업 언어란 태그를 이용해 문서나 데이터 구조를 표현하는 언어로 고정된 정보만 전달이 가능하다. 처음 HTML, CSS를 배우기 시작하면 쉽다고 느껴질 수 있다. 사실 배우기 쉽고 접근하기 쉬운 언어는 맞다. 독학만으로도 어느 정도 개발자 흉내를 낼 수 있고, 초중고 교과과정에서도 다루고 있다.

이런 마크업 언어는 코딩이 아니라 드림위버(Dreamweaver)와 같은 프로그램을 이용해 마우스로 개발할 수도 있다. 최근에는 피그마와 제프린에서 그린 UI 디자인을 이용해 HTML, CSS로 구성된 결과물을 출력하기도 한다. 이렇게 설명하니 두 언어가 마치 너무 쉬운 것처럼 비치지만 알고 보면 가장 엄격하고 중요한 것이 바로 HTML, CSS다. HTML, CSS로 비롯된 웹 접근성(Web Accessibility)과 웹 표준(Web Standards)은 중구난방이었던 웹에 엄격함을 주입했다.

HTML, CSS를 통해 더 이상 익스플로러로만 보이는 단순한 웹페이지가 아니라 스마트폰, TV, 자동차 그리고 냉장고에 이르기까지 모든 전자기기에 웹 브라우저가 적용되기 시작했다. 웹 접근성이란 모든 기기에 동일한 화면을 보여주기 위해 표준을 정하고, 정보를 동등하게 얻고 공유하는 것을 말한다. 웹 표준이란 웹 표준화 단체 W3C가 권고한 표준안에 따라 웹을 구현하는 것을 말한다. 이런 표준이 없던 시절에는 사이트를 만들어도 저마다 다른 표준을 써서 이를 해석하는 브라우저마다 다르게 보이는 현상이 있었다. 어떤 환경에서 사용하더라도 동일한 모습이 보이도록 웹 표준이 등장했다. 이렇게 웹이 확장함으로써 HTML, CSS는 더 이상 하급언어나 간단하게 해결 가능한 코딩이 아닌 뼈대를 이루는 중요한 마크업 언어가 되었다.

과거에는 개발자가 HTML, CSS를 안 한다는 인식이 있었지만, 퍼블리셔의 자리를 프런트엔드 개발자가 조금씩 대체하면서 이제는 HTML, CSS까지 프런트엔드 개발자의 기본 소양이 되었다. 시간이 지나면 어떻게 달라질지 모르지만 각종 채용 공고를 보면

HTML, CSS를 잘해야 하는 것은 명확한 사실이다. 백엔드 개발자도 기본적으로 HTML, CSS를 이해하고 있기 때문에 프런트엔드 개발자는 최소한 그보다는 잘 알아야 한다. 그러므로 프런트엔드 개발자를 꿈꾼다면 가장 기초가 되는 HTML, CSS부터 학습하자.

객체지향 언어
JavaScript

2025년 기준 프로그래밍 언어 인기도 지표인 PyPL(PYPL PopularitY of Programming Language)에서 JavaScript는 상위권을 유지하고 있다. JavaScript는 자바, 파이썬과 함께 가장 인기 많은 프로그래밍 언어다. JavaScript는 웹에 특화된 객체지향 언어다. JavaScript는 우리가 인터넷에서 동적으로 행동하는 대부분의 영역을 담당한다. 만약 JavaScript가 없었다면 웹페이지는 그저 신문처럼 요지부동 고정된 글자와 디자인으로 이뤄진 따분하고 지루한 페이지에 불과했을 것이다. 프런트엔드 개발자 덕분에 우리는 화려하고 기능이 많은 사이트를 구경할 수 있게 되었다.

JavaScript는 지금도 계속 발전 중이다. ES3부터 시작해 ES5, ES6로 업그레이드되었고, 이후 매년 ECMAScript 사양이 발표되고 있다. 현재 JavaScript를 학습한다면 여전히 ES6(ECMAScript

Worldwide, Apr 2025 :

Rank	Change	Language	Share	1-year trend
1		Python	30.27 %	+1.4 %
2		Java	15.04 %	-0.6 %
3		JavaScript	7.93 %	-0.7 %
4	↑	C/C++	6.99 %	+0.6 %
5	↓	C#	6.2 %	-0.6 %
6		R	4.59 %	+0.0 %
7		PHP	3.74 %	-0.8 %
8	↑↑	Rust	3.14 %	+0.5 %
9	↓	TypeScript	2.79 %	-0.1 %
10	↑	Objective-C	2.72 %	+0.3 %

2025년 4월 PyPL에서 JavaScript는 3위를 차지했다.

2015) 문법을 기준으로 학습하는 경우가 많으며, 이전 버전인 ES5의 주요 이슈도 함께 알아두는 것이 좋다.

참고로 프런트엔드 개발 트렌드를 이끄는 JavaScript 프레임워크 삼대장이 있다. 바로 리액트(React), 앵귤러(Angular), 뷰(Vue)다. 모두 JavaScript V8 엔진 기반으로 이뤄져 있다. 이렇게 JavaScript는 웹 프런트엔드 생태계에서 핵심 언어로 자리 잡았으며, Node.js의 등장으로 백엔드 영역까지 그 활용 범위가 확장되었다. 웹 개발자라면 JavaScript는 선택이 아닌 필수가 되었다.

프런트엔드 개발자는 JavaScript를 잘해야 한다. HTML, CSS는 조금 못해도 JavaScript를 잘하면 어느 정도 인정받을 수 있다. 그 반대의 경우에는 프런트엔드 개발자라는 이름을 달기가 어렵다. 만들어진 데이터에서 사용자의 입력을 받아 적절히 데이터로 변경하고, 화면에 렌더링하고, 사용자 친화적인 인터페이스를 구축하는 것이 그들의 일이다. 그 과정에서 JavaScript는 필수적이다. 프런트엔드 개발자가 되고 싶다면 JavaScript는 말 그대로 씹어 먹을 수 있을 만큼 열심히 공부하는 게 정답이라고 본다.

JavaScript를 잘 다룰 수 있게 되었다면 JavaScript 프레임워크를 배울 차례다. 대표적인 프레임워크로는 앞서 언급한 리액트와 뷰가 있다. 이 두 프레임워크는 JavaScript의 복잡한 작업을 보다 쉽게 처리할 수 있도록 도와주며, 효율적인 코드 작성과 관리를 돕는다. 리액트는 페이스북이 개발한 프레임워크로 컴포넌트 기반으로 UI를 구축할 수 있어 재사용성과 유지·보수에 강점이 있다. 뷰는 상대적으로 배우기 쉽고 가벼운 프레임워크로 다양한 프로젝트에서 간단하게 활용할 수 있다. 이 두 프레임워크를 익히는 것은 프런트엔드 개발자로서 도약하기 위한 중요한 과정이다. JavaScript를 충분히 이해한 뒤에 프레임워크를 공부하며 실력을 탄탄하게 쌓아가자.

리액트를 잘하기 위해서는 먼저 컴포넌트의 개념과 컴포넌트 기반 아키텍처를 이해하는 것이 중요하다. 리액트는 컴포넌트라는 작은 단위의 코드로 UI를 구성하며, 이러한 컴포넌트들을 조합해서 복잡한 사용자 인터페이스를 만들어나간다. 따라서 컴포넌트를 어떻게 잘 설계하고, 재사용성을 극대화할 수 있는지에 대한 고민이 필요하다. 또한 상태(State)와 속성(Props)의 개념을 정확히 이해하고, 컴포넌트 간의 데이터를 어떻게 효율적으로 전달할 수 있는지 공부해야 한다. 리액트를 잘 사용하려면 Hooks API, Context API, 그리고 리액트 라우터 등 다양한 리액트 생태계 도구를 익히는 것이 필수적이다. 실습을 통해 자신만의 프로젝트를 만들어보며 리액트의 개념을 확실하게 익혀보자.

뷰를 잘하기 위해서는 리액트와 마찬가지로 컴포넌트 기반 개발 방식을 잘 이해하는 것이 필요하다. 뷰는 그 자체로 가볍고 배우기 쉬운 프레임워크지만, 프로젝트의 규모가 커질수록 컴포넌트 관리와 상태 관리가 중요해진다. 이를 위해 Vuex와 같은 상태 관리 도구를 배우고, 컴포넌트 간의 데이터 흐름을 명확히 이해하는 것이 필요하다. 또한 뷰의 반응형 데이터 바인딩을 잘 활용하는 법을 익히고, 뷰의 디렉티브(Directive)를 적절히 사용하는 것이 중요하다. 뷰의 특징인 템플릿 기반의 접근법을 이해하고, 이를 통해 어떻게 효율적으로 UI를 설계할 수 있는지 학습해보자. 뷰 역시 작은 프로젝트부터 시작해서 실습을 통해 경험을 쌓아가며 실력을 키우는 것이 좋다.

리액트와 뷰를 잘 활용하기 위해서는 기본적인 개념뿐만 아니라, 실제 프로젝트에서 겪을 수 있는 다양한 문제를 직접 경험하고 해결해보는 과정이 필요하다. 오픈소스 프로젝트에 기여하거나, 클론 코딩을 통해 유명 웹사이트를 따라 만들어보는 것도 좋다. 이렇게 실습을 반복하면서 프레임워크의 특성과 사용법을 체득한다면 실력 있는 프런트엔드 개발자가 될 수 있을 것이다.

진화하는 프런트엔드 개발자의 역할

기업에서는 여전히 뛰어난 프런트엔드 개발자를 찾고 있다. 프런트엔드 개발은 백엔드 개발보다 상대적으로 접근성이 뛰어났지만, 최근 몇 년간 그 복잡성이 크게 증가했다. 2020년대 초반에는 프런트엔드 개발자가 심각한 품귀 현상을 겪었지만, 2025년 현재는 AI 도구의 등장으로 개발 환경이 점차 변화하고 있다.

웹 개발은 이제 30년 가까운 역사를 가진 분야다. 과거 웹 개발자라는 통합된 직업군이 모든 작업을 수행했다면, 2010년대부터 인터페이스와 사용자 경험에 특화된 프런트엔드 개발자가 독립된 직군으로 자리 잡았다. 2021년부터 2023년까지 프런트엔드 개발자에 대한 수요는 정점을 찍었으나, AI 기반 코드 생성 도구의 발전으로 2025년 현재는 시장 상황이 조금씩 변화하고 있다.

기본적인 UI 구현은 AI가 도울 수 있게 되었지만 복잡한 인터랙션과 최적화, 접근성, 그리고 새로운 웹 기술 적용에는 여전히 전문 개발자의 역량이 필요하다. 이제 프런트엔드 개발자는 단순 구현을 넘어 AI와 협업하며 더 높은 수준의 사용자 경험을 설계하고 구현하는 방향으로 전문성을 발전시키고 있다.

만약 프런트엔드 개발자를 꿈꾸고 있다면 AI 도구를 활용하면서도 그것을 넘어서는 창의성과 문제 해결력을 키우는 방향으로 성장해야 한다. 최신 기술에 대한 전문성을 갖춘 개발자에게 여전히 많은 기회가 열려 있다. 기술의 변화에 발맞춰 지속적으로 학습하고 적응하는 개발자라면 프런트엔드 분야에서도 충분히 경쟁력을 유지할 수 있을 것이다.

백엔드 개발자가 되고 싶다면

"백엔드 개발자는 보이지 않는 걸 개발합니다."

백엔드 개발자를 한 문장으로 소개한 말이다. 프런트엔드 개발자가 눈에 보이는 부분을 개발한다면 백엔드 개발자는 눈에 보이지 않는 부분을 개발한다. 백엔드 개발자가 되기 위해서는 넓은 범위의 지식과 경험이 필요하다. 데이터베이스 설계, 시스템 보안, 서버 구성, 성능 최적화, API 개발, DBMS 네트워크 및 인프라 구성 등 서비스 동작을 위한 모든 것을 신경 써야 한다. 이를 위해 웹 서비스의 전체 구조를 파악해야 하며 문제 해결력 또한 필요하다.

백엔드 개발자에게 필요한 학습

REST API는 백엔드 개발에서 매우 중요한 개념으로 이것을 이해하고 활용하는 것은 필수적이다. API는 애플리케이션을 프로그래밍하는 데 사용되는 인터페이스로, 쉽게 말해 서로 다른 소프트웨어 애플리케이션이 통신하고 기능을 공유할 수 있도록 도와주는 다리 역할을 한다. 프런트엔드와 백엔드가 서로 소통하는 방식으로 REST API가 사용되며, 프런트엔드 개발자는 백엔드 개발자가 만든 REST API를 호출해서 서비스를 개발한다. 예를 들어 프런트엔드에서 사용자에게 데이터를 입력받으면 이것을 REST API를 통해 백엔드 서버에 전달하고, 서버는 그에 맞는 처리를 한 후 다시 결과를 돌려준다. 이 과정을 통해 전체 애플리케이션이 유기적으로 작동하게 된다.

REST API는 클라이언트와 서버 간의 통신을 표준화된 방식으로 수행하기 위한 설계 원칙이다. HTTP 프로토콜을 사용해서 웹 애플리케이션과 서버 간 데이터를 주고받는 데 적합한 구조를 제공한다. REST API는 자원을 기반으로 한 아키텍처로 URI를 통해 자원(Resource)을 명확히 지정하고, 자원에 대해 HTTP 메소드(GET, POST, PUT, DELETE 등)를 사용해 원하는 작업을 수행한다.

백엔드 개발자의 주요 업무 중 하나가 이러한 REST API를 개발하는 것이다. REST API를 통해 데이터를 조회하거나 변경할 수 있는 기능을 제공함으로써, 다른 시스템과의 통합이 쉬워지고 유지·보수성이 높아진다. 또 REST API는 애플리케이션을 모듈화하고 확장 가능하게 만드는 데 중요한 역할을 한다. RESTful API 설계 원칙을 따름으로써 애플리케이션의 신뢰성과 효율성을 높일 수 있다.

따라서 백엔드 개발자가 되기로 결심했다면 REST API를 학습하고 익히는 것은 필수적이다. REST API는 클라우드 서비스, 모바일 애플리케이션, 웹 애플리케이션 등 다양한 분야에서 사용되며, 이것을 잘 이해하면 서버 개발의 전반적인 흐름을 이해하는 데 많은 도움이 된다. REST API는 단순히 백엔드와 프런트엔드가 소통하는 방법을 넘어서 다양한 시스템 간의 연동과 데이터 공유를 가능하게 해주는 중요한 기술이다. 백엔드 개발자의 필수적인 역량이라고 할 수 있다. 이를 익히고 나면 다른 형태의 API, 예를 들어 GraphQL, gRPC와 같은 보다 고급 개념도 쉽게 이해하고 활용할 수 있다.

또한 REST API를 개발하기 위해서는 개발 언어와 웹 프레임워크 선택이 매우 중요하다. 다양한 프로그래밍 언어와 관련된 프레임워크가 REST API 개발에 사용될 수 있다. 대표적인 것이 자바, Node.js, Ruby on Rails, Python Django, Kotlin, Golang 등이다. 각각의 언어와 프레임워크는 장단점이 있어 프로젝트의 특성과 요구사항에 맞는 적절한 선택이 필요하다.

만약 백엔드 개발자를 지향하는데 언어 선택이 어렵다면 자바를 먼저 학습하는 것을 추천한다. 자바는 대한민국에서 가장 널리 사용되고 있으며 관련된 일자리도 가장 많은 언어다. 또한 백엔드 개발에 필요한 라이브러리와 도구를 매우 잘 갖춰 효율적인 개발이 가능하다. 특히 대규모 엔터프라이즈 애플리케이션을 구축할 때 자주 사용되는 언어로, 안정성과 확장성 면에서 뛰어나 많은 기업이 선호한다. 자바는 Spring Framework와 같은 강력한 웹 프레임워크를 통해 REST API를 쉽게 개발할 수 있다. 이러한 프레임워크는 보안, 데이터 처리, 트랜잭션 관리 등 다양한 기능을 제공해 개발자의 생산성을 높여준다.

만약 자바 외에 다른 언어를 고려한다면 PHP도 좋은 선택이 될 수 있다. PHP는 오랜 역사를 가지고 있으며 특히 웹 개발에 특화된 언어로 널리 알려져 있다. PHP의 대표적인 프레임워크인 Laravel은 빠르고 효율적인 웹 애플리케이션 개발을 가능하게 해주며 코드의 가독성, 재사용성, 그리고 유지·보수 측면에서 많은 장점을 가지고 있다. 이러한 이유로 현재 많은 중소형 업체가 PHP와 Laravel을 이용해 REST API와 백엔드를 구축하고 있다. PHP는 특히 초기 개발 속도가 빠르고 배포와 운영이 비교적 쉬워서 소규모 프로젝트나 스타트업 환경에서 유리하다.

Node.js 또한 REST API 개발에서 빼놓을 수 없는 중요한 선택지 중 하나다. JavaScript를 사용해 서버 측 애플리케이션을 개발할 수 있고, 프론트엔드와 백엔드 모두 같은 언어로 개발할 수 있어 생산성을 높일 수 있다. Node.js는 비동기 처리 모델을 사용해 높은 처리 성능을 제공하며 특히 실시간 데이터 처리가 중요한 애플리케이션에서 강점을 발휘한다. Express.js와 같은 경량 프레임워크를 통해 쉽게 REST API를 구축할 수 있어 커뮤니티 지원도 활발하고, 다양한 라이브러리를 활용할 수 있다.

파이썬의 Django 프레임워크 역시 좋은 선택지다. 파이썬은 문법이 간결하고 읽기 쉬운 것이 큰 장점으로, 초보자부터 숙련된 개발자까지 모두에게 사랑받는 언어다. Django는 '배터리가 포함된' 웹 프레임워크로 인증, ORM, 관리 인터페이스 등 REST API 개발에 필요한 기능을 기본적으로 제공한다. 이를 통해 개발자는 핵심 로직에 집중할 수 있어 개발 속도를 높일 수 있다. Django Rest Framework(DRF)를 사용하면 REST API 개발을 더욱 간단하고 체계적으로 할 수 있어 파이썬을 선호하는 개발자에게 좋은 선택지라 할 수 있다.

최근에는 점점 더 많은 개발자가 Kotlin과 Golang을 사용하고 있다. Kotlin은 JVM과 호환되며, 자바와의 상호운용성이 뛰어나 기존의 자바 코드베이스와 쉽게 통합할 수 있다. 또 Kotlin은 간결하고 현대적인 문법을 제공해 생산성을 높여준다. Golang은 구글에서 개발한 언어로 높은 성능과 간단한 코드 구조를 자랑하며, 특히 네트워크 관련 애플리케이션 개발에 강점을 가지고 있다. 이러한 언어는 최신 기술 트렌드에 민감한 개발자들에게 인기가 있으며, 특정 요구사항에 맞는 최적의 선택지가 될 수 있다.

REST API 개발에 사용되는 언어와 프레임워크는 다양하고 각기 다른 특성을 가지고 있지만 중요한 것은 자신의 필요와 프로젝트의 특성에 맞는 언어를 선택하는 것이다. 자바는 안정성과 확장성이 뛰어나고, PHP는 빠른 개발 속도를 자랑하고, Node.js와 파이썬은 각각 실시간 처리와 간결한 코드 작성에 유리하고, Kotlin과 Golang은 최신 기술을 활용한 고성능 애플리케이션에 적합하다. 이러한 여러 선택지 중 자신에게 맞는 도구를 선택해 REST API 개발을 시작하는 것이 좋다.

API 개발을 배웠다면 이제 그걸 세상에 보여줄 준비를 해야 한다. 화가가 그림을 그리는 데 그치지 않고 작품을 전시회에 걸어야 하는 것처럼 말이다. 여기서 중요한 것은 바로 '서버에 올려서 서비스로 만드는 것'이다. 현재 가장 핫한 클라우드 서비스는 AWS이며, 그중에서도 EC2 인스턴스와 친해지는 것이 좋다.

EC2는 쉽게 말해 클라우드에서 가상 서버를 임대받는 것과 같다. 개발자가 직접 서버 하드웨어를 관리할 필요 없이 클릭 몇 번으로 서버를 생성하고 운영할 수 있게 해준다. 대부분의 서버 운영체제는 리눅스를 기반으로 하기 때문에 리눅스 커맨드와 친숙해질 필요가 있다. 리눅스 명령어가 처음에는 낯설 수 있지만 익히기만 하면 마치 자동차를 운전하듯이 자유롭게 시스템을 관리할 수 있다.

AWS 외에도 마이크로소프트의 Azure, 구글의 GCP 등 다양한 클라우드 서비스가 존재한다. 마치 세계 여러 나라의 언어를 배우는 것처럼 다양한 클라우드 플랫폼을 학습해 시야를 넓힐 필요가 있다. Azure는 기업용 솔루션과의 통합이 잘되어 있고, GCP는 구글의 인프라를 활용한 데이터 분석 및 머신러닝에 강점을 가지고 있다. 각 클라우드 서비스의 특성을 이해하고 활용할 줄 안다면 개발자로서의 가치가 더욱 높아질 것이다.

API 개발을 통해 첫발을 뗐다면 이제 클라우드와 손을 잡고 서버 운영에 도전해야 한다. 이는 개발자가 만든 서비스가 세상에 실질적으로 사용될 수 있도록 하는, 진정한 완성 단계로의 여정이다.

데이터베이스 역시 백엔드 개발자가 가장 많이 씨름해야 하는 요소 중 하나다. 백엔드 개발의 핵심은 데이터를 효율적으로 처리하고 관리하는 것인데, 이때 데이터베이스가 필수적인 역할을 한다. 데이터베이스는 서비스에서 필요한 데이터를 체계적으로 저장하고 가공해서 제공하는 저장소 역할을 하는데, 이 과정에서 데이터를 빠르게 저장하고 불러올 수 있는 능력이 필요하다. 따라서 데이터베이스의 구조와 활용법을 이해하는 것은 백엔드 개발자의 필수 역량이라고 할 수 있다.

데이터베이스의 종류는 크게 관계형 데이터베이스와 NoSQL로 나뉜다. 관계형 데이터베이스는 데이터의 관계를 명확하게 정의하고 체계적인 테이블 구조로 데이터를 관리하는 방식이다. 이 방식은 데이터의 일관성과 무결성을 보장할 수 있어 많은 기업에서 현재까지도 널리 사용하고 있다. 대표적인 관계형 데이터베이스로는 오라클, MySQL, PostgreSQL 등이 있으며 이 중 오라클과 같은 관계형 데이터베이스를 우선 학습하는 것을 추천한다. 실제 현업에서 가장 많이 사용되고 있고, 대규모 시스템이나 복잡한 비즈니스 로직을 구현할 때 특히 유리하기 때문이다.

관계형 데이터베이스에서는 SQL(Structured Query Language)을 사용해 데이터를 관리한다. SQL은 데이터를 삽입, 조회, 갱신, 삭제하는 명령어들을 통해 데이터베이스와 소통할 수 있도록 해주는 중요한 언어다. 따라서 데이터를 다룰 수 있는 SQL 쿼리의 개념을 잘 이해하는 것이 중요하다. SQL을 잘 다루게 되면 데이터베이스 내에서 복잡한 데이터를 효율적으로 조작할 수 있으며, 다양한 조건을 사용해 필요한 데이터를 정확하게 추출해낼 수 있다.

또 관계형 데이터베이스를 통해 데이터를 다룰 때 데이터의 관계를 어떻게 정의하고 구조화할 것인지, 즉 스키마 설계에 대해서도 잘 알아야 한다. 좋은 스키마 설계는 데이터의 중복을 최소화하고 데이터의 무결성을 유지하는 데 중요한 역할을 한다. 데이터베이스의 구조적 설계는 시스템의 성능과 유지·보수에도 직접적인 영향을 미치기 때문에 백엔드 개발자에게 매우 중요한 부분이다.

관계형 데이터베이스를 사용하는 경우 트랜잭션 처리와 같은 데이터의 일관성을 유지하는 기능도 중요한 개념이다. 트랜잭션은 여러 데이터베이스 작업을 하나의 단위로 묶어서 처리하며, 모든 작업이 성공적으로 완료되거나 모두 취소되는 것을 보장한다. 이로 인해 시스템의 안정성과 데이터의 신뢰성을 높일 수 있다. 이러한 개념을 잘 이해하고 활용할 수 있어야 데이터베이스를 안정적으로 운용할 수 있다.

데이터베이스는 결국 서비스의 성공과 직결되는 중요한 요소이므로, 데이터를 체계적으로 저장하고 관리하는 능력을 갖추는 것이 기본 소양이라고 할 수 있다. 데이터베이스의 개념을 잘 익히고 다양한 상황에서 적절히 적용할 수 있는 능력을 기르기 위해 관계형 데이터베이스와 SQL 쿼리 학습을 꾸준히 하는 것을 추천한다.

마지막으로 소프트웨어 형상관리에 대해 배워야 한다. 형상관리 시스템은 백엔드 개발자에게 없어서는 안 될 도구다. 대표적으로 SVN, AWS Code Commit, Mercurial, 그리고 Git이 있다. 이들 시스템은 코드의 변경사항을 추적하고 관리함으로써 개발자들에게 많은 이점을 제공한다. 마치 일기장에 중요한 순간을 기록하듯이 코드의 변경내역을 시간의 흐름에 따라 저장하는 것이다. 덕분에 실수나 문제가 발생했을 때 과거의 상태로 되돌아가는 것이 가능하다. 개발 과정에서 안전망의 역할을 함으로써 실수를 두려워하지 않고 더 나은 코드와 기능을 구현할 수 있게 돕는다.

형상관리 시스템은 생각보다 간단하다. 개발자들이 코드를 저장하는 '중앙 창고'와 같으며, 그 안에서 각자의 작업 공간을 관리한다. 예를 들어 프로젝트에 여러 개발자가 동시에 참여할 때 서로의 작업이 충돌하지 않도록 독립적인 공간에서 작업하고, 검토 후 이를 하나로 합칠 수 있는 구조를 제공한다. 협업의 효율성을 높이고 프로젝트의 품질을 유지할 수 있다. 마치 수많은 요리사가 함께 큰 연회에 대비해 각자 맡은 부분을 따로 준비한 후 최종적으로 하나의 완벽한 요리를 만들어내는 것과 같다.

형상관리 도구를 통해 개발자는 코드의 모든 수정 기록을 손쉽게 볼 수 있다. 어떤 시점에, 누가, 무엇을 변경했는지 확인할 수 있기 때문에 팀 내에서 투명성과 책임감을 높일 수 있다. 실수했을 때도 겁낼 필요가 없다. 언제든지 되돌릴 수 있기 때문이다. 이렇듯 형상관리 도구는 백엔드 개발자에게 편리함과 안전함을 제공하는 필수적인 시스템이다. 현업에서 반드시 사용되는 만큼 사용법을 익혀둬야 한다. 생각보다 쉬운데 이점은 무궁무진하다.

백엔드 개발자의 경쟁력과 장점

백엔드 개발자는 마치 깊고 안정된 뿌리를 가진 나무와 같다. 언제나 일자리를 찾을 수 있다는 강력한 장점을 갖고 있다. 개발 산업이 지속적으로 발전하면서 보다 많은 백엔드 개발자를 찾고 있으며, 그 수요는 날로 증가하고 있다. 마치 비옥한 땅에서 끊임없이 물을 공급받는 나무처럼, 백엔드 개발자의 기회도 나날이 확장되고 있다.

백엔드 개발의 매력 중 하나는 다양한 프로그래밍 언어를 배울 수 있다는 점이다. 백엔드 개발자는 일을 하면서 수많은 종류의 프로그램과 코드를 접하게 된다. 이는 새로운 기술을 배우고 성장하는 무궁무진한 기회를 제공한다. 구사할 수 있는 언어가 많아질수록 회사 내에서의 가치가 높아지고, 더 나아가 높은 급여로 보상받을 가능성도 커진다.

백엔드 개발자는 현실적으로도 안정적인 환경에서 일할 수 있다. 백엔드 기술은 비교적 오랜 역사를 가지고 있어서 그만큼 인터넷에 쌓인 자료도 방대하다. 공부하고 성장하는 데 있어 큰 도움을 주며, 혼자서도 충분히 많은 지식을 습득할 수 있는 길을 열어준다. 마치 미로 속에서 길을 잃지 않도록 도와주는 지도와 같은 역할을 하는 셈이다.

백엔드 개발의 또 다른 매력은 배울수록 그 깊이가 더해진다는 점이다. 처음에는 복잡해 보일 수 있지만, 점차 구조와 논리를 이해하게 되면 퍼즐을 맞추는 것처럼 재미와 성취감을 느끼게 된다. 이 분야는 그만큼 탐구할 가치가 있다. 공부하면 할수록 재미있고 흥미로운 세계가 펼쳐진다.

물론 백엔드 개발은 누구에게나 맞는 길은 아니다. 백엔드 개발자가 되고 싶다면 자신의 성향을 먼저 점검해보자. 다음 5가지 기준은 필자가 백엔드 개발자로 직접 일하면서 체감한, 백엔드 개발자에게 꼭 필요한 특징이다.

1. 끈기

백엔드 개발은 때때로 매우 복잡하고 예기치 않은 문제에 직면하게 된다. 이러한 문제를 포기하지 않고 끝까지 해결하려는 끈기가 필요하다. 장시간의 디버깅이나 로그 분석 등을 두려워하지 않고 마주할 수 있는 자세가 중요하다.

2. 학습의 즐거움

기술은 계속해서 발전하고 변화한다. 새로운 프레임워크나 언어, 기술적 트렌드를 꾸준히 학습하고 발전시켜야 한다. 특히 백엔드 개발은 서버, 데이터베이스, 네트워크, 운영체제 등 다양한 기술 요소를 다룬다. 새로운 언어나 도구에 대한 두려움이 없어야 하며, 그때그때 필요한 것을 습득하고 익힐 수 있어야 한다. 학습을 귀찮게 여기지 않고 즐기면서 지속적으로 자기계발에 임해야 한다.

3. 빠른 적응력

기술 스택의 변경, 프로젝트 요구사항의 변화, 환경설정 등 빠르게 변하는 상황에 유연하게 적응할 수 있는 능력이 필요하다. 특히

나 비즈니스 환경에서의 요구사항 변화는 매우 흔한 일이다. 변화에 적응하면서 개발할 수 있는 능력이 중요하다.

4. 문제 해결력

문제 상황을 빠르게 파악하고, 정확하게 정의하는 능력이 필요하다. 문제가 복잡할수록 문제의 본질을 파악하는 것이 중요하다. 개발 과정에서 보다 효율적인 해결책을 찾는 데 집중해야 한다.

5. 비즈니스에 대한 이해도

백엔드 개발자는 비즈니스 요구사항을 기술적으로 구현해야 한다. 따라서 개발하는 시스템이 비즈니스에 어떻게 기여하고, 어떤 가치를 창출하는지 빠르게 이해하는 능력이 필요하다. 비즈니스 로직을 정확히 이해하고 이를 코드로 반영해야 한다.

모바일 앱 개발자가 되고 싶다면

모바일 앱 개발자는 스마트폰에서 사용 가능한 프로그램을 개발하고 유지·보수하는 업무를 한다. 주로 안드로이드와 iOS의 모바일 앱을 대상으로 한다. 모바일 앱 개발자는 단순한 개발을 넘어 사용자 경험과 기술적 완성도를 모두 고려해야 한다. UX·UI 디자이너, 백엔드 개발자, 프로젝트 관리자, 품질 보증 분석가 등 다른 팀 구성원과의 협력이 필요하다. 모바일 앱에 대한 수요가 급격히 증가함에 따라 모바일 앱 개발자의 수도 증가하고 있는 추세며, 기업도 유능한 모바일 앱 개발자 확보에 적극적으로 나서고 있다.

안드로이드 개발자

안드로이드 개발자가 되기 위해서는 자바 언어를 반드시 이해하고 있어야 한다. 왜냐하면 안드로이드 운영체제는 상당 부분 자바에 기반을 두고 개발되었기 때문이다. 자바는 1990년대부터 등장해 현재까지도 널리 사용되고 있는 매우 강력한 객체지향 프로그래밍 언어다. 안정성과 호환성이 뛰어나 안드로이드 시스템의 핵심이 되어 수년간 안드로이드 애플리케이션의 기본 개발 언어로 자리 잡았다. 이 때문에 안드로이드 앱 개발을 배우고 싶다면 자바의 기초적인 개념과 문법을 반드시 익혀야 한다.

하지만 2016년 젯브레인(JetBrains)사가 새로운 프로그래밍 언어 Kotlin을 발표하면서 상황이 조금씩 변화하기 시작했다. Kotlin은 자바 언어의 한계를 보완하고 대체할 수 있도록 설계된 언어다. 자바의 장점을 계승하면서 보다 간결하고 효율적인 코드를 작성할 수 있도록 도와준다. 마치 오래된 성능 좋은 차에 최신 엔진을 얹어서 더 부드럽고 빠르게 달릴 수 있게 만든 것과 같다. Kotlin은 자바보다 나은 개발 경험을 제공한다. 기존에 자바로 작성된 프로그램을 Kotlin으로 작성할 수 있고, 심지어 자바 코드와 Kotlin 코드를 동일한 프로젝트에서 혼합해서 사용할 수 있어 유연성이 뛰어나다.

이러한 변화는 2017년 구글 I/O 콘퍼런스에서 더욱 중요한 전환점을 맞이했다. 구글은 이 자리에서 Kotlin을 안드로이드의 공식 지원 언어로 채택한다고 발표했다. 이는 안드로이드 개발자들이 자바뿐만 아니라 Kotlin을 사용해도 공식적인 지원을 받게 되었음을 의미한다. 다시 말해 Kotlin이 안드로이드 개발을 위한 주요 언어로 자리 잡게 되었고, 이제는 안드로이드 개발을 처음 시작하는 사람이라면 Kotlin을 메인 언어로 학습하는 것이 당연해진 것이다. 자바가 안드로이드의 든든한 뼈대 역할을 한 신뢰할 수 있는 오래된 나무라면, Kotlin은 그 나무 위에 새롭게 자란 유연하고 강한 가지와 같다. 이 가지는 더욱 빠르고 손쉬운 접근법을 제공해 개발자가 작업을 편리하게 수행할 수 있게 돕는다.

안드로이드 개발 환경도 이러한 변화에 맞춰 빠르게 발전했다. 현재 안드로이드 개발을 위한 공식적인 통합 개발 환경(IDE)은 안드로이드 스튜디오(Android Studio)다. 안드로이드 스튜디오는 젯브레인사가 만든 IntelliJ라는 개발도구를 기반으로 구글이 발전시킨 것이다. 안드로이드 스튜디오는 Kotlin과 자바 모두를 지원하며, 다양한 도구와 플러그인을 통해 개발자들에게 훨씬 더 강력한 기능을 제공한다. 과거에는 Eclipse라는 도구를 사용해 안드로이드 개발을 했지만, 구글은 공식적으로 해당 도구에 대한 지원을 종료했다. 이제는 안드로이드 스튜디오가 공식 개발도구로 채택된 상황이다. 이 도구는 안드로이드 앱을 더욱 효율적이고 편리하게 개발할 수 있는 다양한 기능을 제공하며, Kotlin을 지원하는 데 최적화되어 있다.

결론적으로 안드로이드 개발을 배우고자 하는 사람이라면 안드로이드 스튜디오를 이용해 학습을 진행하는 것이 필수적이다. 이는 마치 최신 내비게이션과 스마트 기능을 갖춘 자동차를 운전하는 것과 같다. 안드로이드 스튜디오는 개발자가 더 적은 노력으로 더 많은 일을 할 수 있도록 다양한 기능을 제공하며, 특히 Kotlin 언어의 활용을 극대화할 수 있게 돕는다. 따라서 안드로이드 개발을 시작한다면 자바와 Kotlin을 함께 이해하면서, 안드로이드 스튜디오를 통해 최신 개발 환경을 활용하는 법을 배울 필요가 있다.

iOS 개발자

iOS 개발자가 되기 위해서는 한 가지 주요한 진입장벽이 있다. 바로 Mac 환경이 필요하다는 점이다. 2025년 기준 Xcode와 같은 iOS 개발도구는 여전히 MacOS에서만 공식 지원된다. 클라우드 개발 환경이 일부 대안으로 등장했지만, 전문적인 개발을 위해서는 Mac 하드웨어가 권장된다. 애플 실리콘 기반의 Mac 미니나 중고 맥북 등 비교적 합리적인 가격대의 옵션이 있지만, 학습자에게는 여전히 초기 비용 부담이 있다. 여기서 중요한 점은 당장은 투자하기에 부담스럽겠지만 언젠가는 그 이상의 가치로 돌아올 것이라는 자신감을 가지는 것이다. 과감히 결정을 내리고 나면, 그 선택이 당신의 꿈을 향한 첫걸음이었다는 사실을 언젠가 깨닫게 될 것이다.

Mac을 구매할 때는 데스크톱보다는 노트북을 선택하는 것이 좋다. 노트북이 이동성과 접근성 면에서 탁월하기 때문이다. 물론 화면이 작다는 단점은 있지만 이 부분은 모니터를 추가로 연결함으로써 해결할 수 있다.

iOS 개발자가 되기 위해서는 Objective-C를 학습해야 한다. Objective-C는 iOS와 OS 운영체제에 기반한 앱 개발에 사용되는 프로그래밍 언어다. 하지만 Objective-C는 언어의 복잡성과 한계로 인해 여러 문제가 있었고, 이에 대한 대안으로 2014년 6월 2일 애플 세계 개발자 회의(WWDC)에서 새로운 언어 Swift가 세상에 공개되었다. Swift는 보다 간결하고 현대적인 문법을 제공하며, 코드를 작성하기도 훨씬 수월하다. 그러므로 iOS 개발자를 꿈꾼다면 Objective-C보다는 Swift를 배우는 것이 현명한 선택이다.

iOS 개발자가 되는 과정은 결코 쉽지 않다. 때로는 높은 벽을 마주하기도 하고, 복잡한 문제를 해결해야 하는 순간도 많이 찾아온다. 하지만 이러한 과정을 통해 얻을 수 있는 보람과 성취감은 이루 말할 수 없을 만큼 크다. 퍼즐 조각을 하나씩 맞춰나가듯이 작은 부분들을 해결하고 연결하면서 하나의 완성된 앱을 만들어보자. 어렵지만 정말 재미있다. 잘 알지 못하는 분야라 할지라도 도전해볼 만한 가치가 충분히 있다. iOS 개발에 뛰어드는 것은 단순히 코딩을 배우는 것을 넘어 새로운 세계를 창조하는 과정에 발을 들이는 것이다. 충분히 매력적이며 가치 있는 도전이다.

앱 개발자의 장점

인터넷은행 케이뱅크, 카카오뱅크, 토스뱅크 3사의 은행 거래는 애플리케이션만으로도 가능하다. 과거 케이뱅크는 그나마 웹에서도 서비스를 제공했지만, 2023년 3월 28일 웹 서비스를 종료했다. 이러한 흐름은 점점 더 많은 금융 및 관련 서비스 업체로 확산되어, 이제는 웹 없이 앱만으로 서비스를 제공하는 것이 대세가 되었다. 스마트폰 앱 개발자의 미래가 상당히 밝은 배경이다.

스마트폰 앱 서비스의 수요가 빠르게 증가하고 있지만 개발자의 공급은 이를 따라가지 못하고 있는 상황이다. 스마트폰 앱 개발자의 취업 시장 전망이 매우 긍정적이라는 의미다. 특히 새로운 앱 서비스가 계속해서 생겨나면서 이 분야에 대한 인력 수요가 급증하고 있다. 취업을 고려하고 있다면 스마트폰 앱 개발자가 유망한 선택지일 것이다.

또한 앱 개발자의 최대 장점 중 하나는 바로 창업의 용이성이다. 창업을 위해 거창한 설비나 대규모 자본이 필요하지 않으며, 좋은 아이디어만 있다면 어디서든 이를 구현해 세상에 내놓을 수 있다. 1인 창업가로서 앱 하나만으로 서비스를 출시하고 운영할 수 있다는 점은 큰 매력이다. 상대적으로 웹 서비스보다 앱 서비스가 간단하게 시작하고 운영할 수 있는 편이다. 이러한 이유로 필자는 개발자를 꿈꾸는 학생들에게 취업, 입문, 창업이라는 3가지 측면에서 스마트폰 앱 개발자를 적극 추천하고 있다.

편식하지 않는 용기

필자는 편식을 하는 편이다. 떡볶이, 피자, 햄버거 등을 선호한다. 말 그대로 초등학생 입맛이다. 매번 무엇을 먹을지 고민할 필요가 없다는 장점은 있지만 건강에는 그리 좋은 선택은 아닌 것 같다. 그렇다면 코딩은 어떨까? 편식을 해도 괜찮을까? 다행히 코딩은 편식이 꼭 나쁜 편은 아니다. 하나의 언어에 대한 깊은 이해를 가지고서 깊게 판다면 특정 분야에서 전문가가 될 수 있다. 그럼 반대로 편식하지 않고 다양한 코딩을 공부하는 것은 어떨까?

개발자가 되면 각자의 상황에 맞게 새로운 언어를 배워야 하는 경우가 있다. 예를 들어 모바일 게임에는 C#을, 데이터 과학에서는 파이썬을, 웹에서는 JavaScript를 많이 쓴다. 이미 언어 하나를 배우는 데 충분한 투자를 했는데 또 시간을 내서 다른 언어를 배워야 하는 걸까? 이 질문에 대한 답변은 'Yes'다. 프로그래밍은 그림을 그리는 것과 같다. 만약 자바라는 붓을 평소에 사용했다면, Kotlin이라는 새로운 붓에도 금방 적응할 것이다. 그렇게 붓의 종류를 하나둘씩 늘려나간다면 보다 다양하고 진화된 그림을 완성할 수 있게 된다.

예를 들어 파이썬 개발자가 고성능 병렬 프로그램을 작성할 때 종종 Go 언어를 사용하는 경우가 있다. 파이썬이 멀티 프로세싱에 있어 다소 제약이 있는 반면, Go 언어가 이 부분에서 보다 우수한 성능을 발휘하기 때문이다. 이처럼 각 프로그래밍 언어는 특정 분야에서 뛰어난 효율을 발휘하며, 이에 맞는 언어를 선택하는 것은 개발자에게 중요한 판단 요소다.

필자는 JavaScript를 사용해 게임을 만들어본 적이 있다. 간단한 조작부터 하나하나 코드를 직접 작성하며 게임을 개발했는데, 마치 수작업으로 레고 블록을 조립해서 성을 짓는 것과 같았다. 하나하나의 블록을 손으로 맞추다 보니 시간과 노력이 많이 필요했다. 그러던 중 유니티 3D라는 게임엔진을 접하게 되었다. 게임 개발이 이렇게 재밌고 신속할 수 없었다. 유니티 3D를 사용하니 준비된 조각을 퍼즐처럼 맞추기만 하면 되는 느낌이었다. 이뿐만 아니라 질적인 부분에서도 유니티 3D가 훨씬 뛰어났다. JavaScript로 일일이 코딩한 게임은 기본적인 기능 구현에만 집중된 반면, 유니티 3D는 그래픽과 물리적 효과와 같은 디테일까지 쉽게 다룰 수 있었다.

이와 같이 다양한 언어와 도구를 공부하다 보면 각 언어의 강점과 약점을 이해하게 된다. 마치 목수가 다양한 종류의 망치와 톱을 가지고 있어야 하는 것처럼, 개발자도 여러 프로그래밍 언어를 다룰 줄 알아야 한다. 목수가 손에 맞는 도구를 선택해 나무를 깎는 것처럼, 개발자는 문제의 성격에 맞는 언어를 선택해서 최적의 결과물을 만들어내야 한다. 따라서 언어를 다양하게 공부하는 것은 단순히 새로운 문법을 배우는 것을 넘어, 문제 해결의 도구를 확장하고 자신만의 무기를 늘려가는 과정이라고 할 수 있다.

다양한 언어를 골고루 섭취해야

그렇다면 필자의 코딩은 편식일까, 건식일까? 필자는 코딩만큼은 다양한 언어를 골고루 섭취하고 있다. 물론 하나의 언어만 깊게 파는 전문가도 나름의 장점이 있지만, 여러 언어를 골고루 배울 때 따라오는 현실적인 이득이 많다고 생각한다.

한국에서는 취직 시 어떤 언어를 쓸 수 있는지가 가장 중요한 선별 요소다. 사용하는 언어에 대해 크게 상관하지 않고 뽑는 회사도

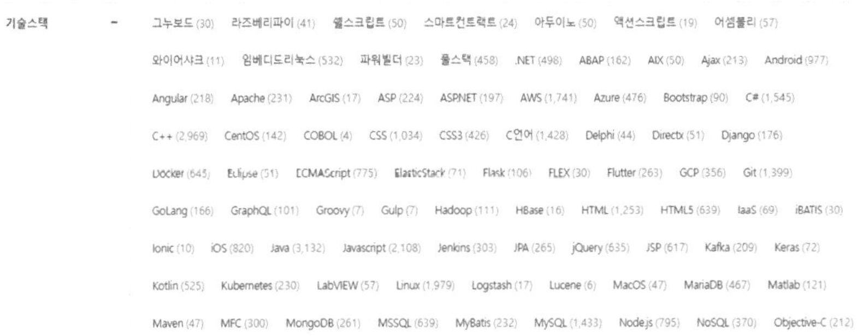

기술스택 -

그누보드 (30) 라즈베리파이 (41) 쉘스크립트 (50) 스마트컨트랙트 (24) 아두이노 (50) 액션스크립트 (19) 어셈블리 (57)
와이어샤크 (11) 임베디드리눅스 (532) 파워빌더 (23) 풀스택 (458) .NET (498) ABAP (162) AIX (50) Ajax (213) Android (977)
Angular (218) Apache (231) ArcGIS (17) ASP (224) ASP.NET (197) AWS (1,741) Azure (476) Bootstrap (90) C# (1,545)
C++ (2,969) CentOS (142) COBOL (4) CSS (1,034) CSS3 (426) C언어 (1,428) Delphi (44) Directx (51) Django (176)
Docker (645) Eclipse (51) ECMAScript (775) ElasticStack (71) Flask (106) FLEX (30) Flutter (263) GCP (356) Git (1,399)
GoLang (166) GraphQL (101) Groovy (7) Gulp (7) Hadoop (111) HBase (16) HTML (1,253) HTML5 (639) IaaS (69) iBATIS (30)
Ionic (10) iOS (820) Java (3,132) Javascript (2,108) Jenkins (303) JPA (265) jQuery (635) JSP (617) Kafka (209) Keras (72)
Kotlin (525) Kubernetes (230) LabVIEW (57) Linux (1,979) Logstash (17) Lucene (6) MacOS (47) MariaDB (467) Matlab (121)
Maven (47) MFC (300) MongoDB (261) MSSQL (639) MyBatis (232) MySQL (1,433) Node.js (795) NoSQL (370) Objective-C (212)

사람인 기술스택 카테고리

있지만, 대부분은 회사에서 주로 쓰는 언어를 지원자가 능숙하게 다루는지 중요하게 본다. 빠른 업무 적응과 교육비용 절감 문제 때문이다.

취업사이트에서도 개발자 구인 카테고리를 프로그래밍 언어별로 분류해 구직자와 구인자가 쉽게 매칭될 수 있도록 시스템화했다. 지원자들이 자신에게 맞는 일자리를 빠르게 찾을 수 있도록 돕는 역할을 한다. 구인자 측에서도 원하는 기술 스택을 갖춘 지원자를 쉽게 찾을 수 있어 효율적이다.

다양한 언어를 능숙하게 다룰 수 있는 지원자는 그만큼 다양한 회사에 지원할 수 있는 기회를 갖게 된다. 또 경력까지 갖추고 있다면 회사 입장에서도 검증된 능력을 가진 인재라고 평가할 가능성이 높다. 경력자는 특정 언어뿐만 아니라 프로젝트 참여 경험을 통해 문제 해결력과 협업 능력 등을 보여줄 수 있어 큰 이점을 갖는다. 그러므로 국내 개발자 취업 시장에서는 특정 언어의 능숙도와 함께 실무 경력이 채용의 핵심 요소로 작용한다.

만약 닷넷을 사용하는 회사에서 닷넷 전문가로 일하고 있다고 가정해보자. 어느 날 회사에서 기존 시스템을 자바로 전환한다고 발표한다면 어떻게 대응해야 할까? 변화에 발맞춰 수긍한다면 자연스럽게 새로운 언어인 자바를 배우고 익혀나가야 할 것이다. 하지만 특정 언어에 대한 깊은 고집이나 애정이 있는 개발자라면 회사를 떠나야 할지도 모른다. 이러한 상황은 소프트웨어 업계에서 실제로 자주 발생한다. 마치 새로운 트렌드가 유행처럼 번지듯이 기술 스택도 끊임없이 발전하고 변화하기 때문에 종종 시스템의 전환이 이뤄진다. 마치 한식 요리사로 일하고 있던 식당이 예고도 없이 프랑스 요리 전문점으로 바뀌는 것과 같다. 한식의 맛을 깊이 추구하는 요리사라면 어려운 결정이겠지만, 요리에 대한 폭넓은 흥미와 열정이 있다면 프랑스 요리에 새롭게 도전할 것이다.

소프트웨어 개발도 마찬가지다. 특정 기술만 고집하기보다는 다양한 언어와 기술 스택을 배우고 즐기면서 준비한다면 변화에 유연하고 발 빠르게 대처할 수 있다. 개발자라면 언어는 도구에 불과하다는 마인드를 가지고, 새로운 도구를 배우고 사용하는 것을 즐길 줄 알아야 한다. 이런 마음가짐을 가진다면 언어의 변화는 더 이상 위기가 아니라 성장의 기회로 보일 것이다.

음식도 오래 편식하면 언젠가 질리기 마련이다. 코딩도 마찬가지다. 최소한 필자는 그렇다. 처음에는 한 가지 언어에 집중해서 깊이 파고들고, 그 언어로 멋진 프로그램을 만드는 과정이 즐겁다. 하지만 어느 정도 레벨에 도달하면 해당 언어에서 새로운 배움을 찾는 것은 어려운 일이 된다. 그렇게 되면 자연스럽게 학습 시간도 줄 것이고 지루하거나 힘겨운 일처럼 느껴질 수 있다. 반복되는 코드와 이미 익숙해져 버린 문법 속에서 재미를 찾기란 어려운 일이다.

그럴 때 다양한 언어를 배우면 다시 한번 재미를 느낄 수 있다. 새로운 언어를 접하면서 기존에 사용하던 언어와의 차이점을 발견하고, 둘을 비교하고 학습하면서 초심을 찾게 된다. 튜토리얼을 따라가면서 낯선 문법을 익히고, 그 언어만의 독특한 개념을 이해하는 과정은 정말 신선하다. 그래서 필자는 다양한 언어를 배우려고 노력한다. 새로운 언어를 배우면 그만큼 컴퓨터 앞에 오래 앉아 있어도 지치지 않고, 학습을 지속할 수 있는 원동력이 된다. 여러 언어를 학습하면 자연스럽게 다른 언어에 대한 관점이 넓어지고, 그에 따라 문제를 해결하는 방법도 창의적이고 유연하게 바뀐다.

최근에는 Flutter라는 구글이 출시한 크로스 플랫폼 GUI 애플리케이션 프레임워크를 열심히 공부했다. 그것으로 PHP로 만들어진 홈페이지를 해당 언어로 변경해서 새롭게 리뉴얼했다. 그 과정에서 Flutter를 통해 한 스타트업과 새로운 인연이 닿게 되었고 도움을 주는 관계로 거듭났다. 이처럼 다양한 언어를 공부하고 활용하는 것을 즐기다 보면 코딩도 재밌어지고 커리어에도 도움이 된다.

정규직 vs. 프리랜서

정규직 개발자의 장단점

정규직이란 실력과 자격을 갖췄다면 어떤 기간을 정하지 않고 정년까지 고용이 보장되며 전일제로 일하는 직위나 직무를 말한다. 즉 임금 근로자 전체에서 '비정규직'으로 정의된 근로자를 뺀 나머지를 '정규직'이라고 말한다. 법률적 시각에서는 '계약기간의 정함이 없는 노동자'를 의미한다. 정규직 개발자란 쉽게 말해 4대 보험에 가입되어 회사에 소속된 개발자를 말한다. 가장 기본적인 형태의 근무 형태로 정규직 개발자가 되면 다른 일반 회사원과 동일한 위치에서 일하게 된다. 영업팀, 인사팀, 총무팀처럼 개발팀에 소속된 직원인 것이다.

우선 정규직의 장점은 다음과 같다.

1. 고용 안정

정규직은 앞서 정의한 것처럼 계약기간의 정함이 없으므로 이론상 정년까지 일할 수 있다. 고용의 안정을 누릴 수 있다는 뜻이다. 정규직으로 일하는 사람들은 대부분 큰 실수가 없는 한 정해진 연령까지 회사에서 근무할 수 있기 때문에 고용에 대한 걱정이 상대적으로 적다. 이 부분은 가정을 책임지는 입장에서는 매우 큰 장점으로 작용할 수 있다. 현실적으로 모든 기업이 이를 보장하는 것은 아니지만, 적어도 정규직으로 일하는 사람은 회사 내에서 자신이 기여할 수 있는 만큼 오랫동안 일할 수 있는 기회를 가진다. 이러한 고용 안정성은 매우 중요한 이점으로 여겨질 수 있다. 하지만 오랜 시간 같은 회사에 머물다 보면 기술 스택이 트렌드에 뒤처질 위험성도 존재한다. 따라서 고용 안정성을 바탕으로 자신의 직무 능력을 계속해서 발전시키려는 노력이 필요하다.

비정규직에 비해 해고의 위험에서 상대적으로 자유롭기 때문에 스트레스가 적다. 비정규직은 계약이 끝날 때마다 재계약 여부에 대한 불안감을 느껴야 하지만 정규직은 그런 걱정 없이 안정적으로 미래를 계획할 수 있다. 특히 회사의 구조조정이나 경제적인 어려움 속에서도 정규직은 우선적으로 보호된다. 경제적으로 안정적인 기반을 마련하는 데 큰 도움이 된다.

2. 복지 혜택

정규직으로 일하면 회사에서 제공하는 다양한 복지 혜택을 누릴 수 있다. 많은 기업이 정규직에게 복지 혜택을 제공하는데, 이것이 개인의 삶의 질을 높이는 데 큰 역할을 한다. 예를 들어 자녀 학자금 지원, 전세대출금 지원, 통신요금 지원 등 기업의 규모와 특성에 따라 다양한 복지를 누릴 수 있다. 특히 중견기업 이상의 경우 이러한 복지 혜택이 매우 풍부하게 제공되는 경향이 있으며, 직원들의 생활 안정을 위한 여러 방면의 지원을 아끼지 않는다.

개발자의 경우 무료 온라인 강의 수강권, 기술 세미나 참석 지원 등 직무와 관련된 커리어 향상에 도움이 되는 복지 혜택을 제공한다. 이를 통해 회사에서 안정적으로 근무하면서도 기술적 역량을 지속적으로 향상시키는 기회를 가지게 된다. 본인의 성장뿐만 아니라 회사에도 긍정적인 영향을 미친다. 복지 혜택을 통한 회사와 직원 간의 상호 발전은 정규직의 큰 장점 중 하나로 꼽힌다.

3. 사회적 신용

정규직으로 일한다는 것은 개인의 사회적 신용에도 긍정적인 영향을 미친다. 주택을 구매하거나 급하게 자금이 필요할 때 은행에서 대출을 받는 것이 상대적으로 수월하다. 금융기관에서는 정규직의 소득 안정성을 높이 평가하기 때문에 대출심사에서 유리한 조건을 제공하는 경우가 많다. 또 사회적 인식 면에서도 정규직은 좀 더 안정적이고 신뢰할 수 있는 일자리로 간주되어 타인과의 관계나 사회적 활동에 긍정적인 영향을 미칠 수 있다. 이러한 신용상의 이점은 정규직으로서 얻을 수 있는 실질적인 혜택 중 하나다.

개인적으로 정규직이 아닐 때는 은행에서 대출을 받기 어려워서 월세에 머물러야 했다. 하지만 중견기업 이상의 정규직으로 일하게 되면서 안정적으로 대출을 받을 수 있었고, 결국 넓은 집으로 이사할 수 있었다. 이러한 경험은 정규직의 사회적 신용이 얼마나 중요한지, 그리고 그것이 개인의 삶의 질에 어떤 변화를 줄 수 있는지 직접적으로 보여준다. 정규직의 장점은 단순히 직장 내 안정에 그치는 것이 아니라 생활 전반에 걸쳐 긍정적인 영향을 미친다.

물론 정규직 근로자라고 해서 장점만 있는 것은 아니다. 정규직 개발자의 단점은 다음과 같다.

1. 실수령액 감소

정규직 근로자는 사회보장제도의 혜택을 받으며, 임금에서 4대 보험료가 공제된다. 이는 장점이자 단점이 될 수 있는 부분이다.

4대보험이 공제되기 때문에 실수령액이 줄어드는 것처럼 보일 수 있다. 하지만 사업자와 세금을 5:5로 나눠서 내므로 실질적인 세 부담은 적은 편이다. 프리랜서의 경우 공제 과정이 없기 때문에 당장은 실수령액이 높아 보일 수 있지만 결국 종합소득세 등을 차후에 납부해야 한다는 점에서 큰 차이는 없다. 어쨌든 단기적으로 실수령액이 줄어드는 것은 맞아서 고소득을 노리고 프리랜서로 전향하려는 경우도 있다.

2. 막중한 책임감

근속 연수가 쌓이면 관리직을 맡게 된다. 이때부터는 단순히 코딩만 하는 것이 아니라 팀과 프로젝트를 관리하고, 성과를 내기 위해 사내 정치, 회의, 인간관계 등 다양한 방면을 신경 써야 한다. 당연히 스트레스도 가중된다. 특히 프로젝트의 전반적인 진행상황에 대한 책임을 져야 하는 부담감이 커진다. 물론 이러한 책임을 맡으면서 스스로 성장할 수도 있다. 이전에는 단순히 코드 한 줄에 집중했다면, 이제는 전체적인 시스템과 팀의 성장까지 고민하게 되면서 커리어의 또 다른 단계로 이어진다.

10년 넘게 정규직 개발자로 일하면서 느낀 점을 비유하면, 정규직은 마치 거대한 배에 승선한 여행과 같다. 안정적으로 항해하고, 언제든 동료와 교류할 수 있는 편안한 환경이 주어진다. 회사라는 배에 소속되어 있다는 안정감, 그리고 동료와 함께 지내며 만들어지는 유대감은 정규직의 가장 큰 장점이라 할 수 있다.

하지만 필자처럼 퇴근 후 책을 쓰고, 기술 블로그를 운영하고, 강연을 하는 등 여러 활동을 병행한다면 정규직의 여러 혜택을 온전히 누리지 못하게 된다. 또 파트장을 맡고, 보고서를 작성하고, 행정 업무를 처리하는 등 업무량이 늘면서 부담이 커졌다. 때로는 자신이 코딩을 하는 개발자인지, 아니면 단순 사무직인지 헷갈릴 때도 많았다.

3. 관계의 어려움

성향이 다른 정규직 동료들과 끊임없이 어울리며 관계를 유지하는 것 역시 어려운 부분이다. 팀원과 궁합이 잘 맞다면 다행이지만 그렇지 않다면 굉장히 큰 스트레스로 다가온다. 물론 시간이 지나면서 미워했던 사람도 결국 동료로 이해하고 응원하게 되는 순간이 찾아온다.

결론적으로 정규직 개발자는 매력적이고 가장 안정적인 고용 형태다. 특히 개발자로서 첫걸음을 시작하는 초급 개발자에게 추천하고 싶은 일자리다. 정규직은 마치 튼튼한 배에 승선하는 것과 같다. 항해를 시작하는 이들에게 필요한 경험을 안정적으로 제공해 준다. 누구나 꿈꾸는 안정적인 환경에서 성장할 수 있는 기회가 있기 때문에 참으로 매력적인 선택지다.

프리랜서 개발자의 장단점

프리랜서란 일반적으로 특정 집단이나 기업에 전속되지 않고 자유계약에 따라 서비스를 제공하는 개인을 지칭한다. 근무 방식 변화와 발전으로 가능해진 일이다. 보다 자유로운 방식으로 나에게 알맞은 시간과 장소, 회사를 직접 선택해 일하는 것이 가능하다. 프리랜서 개발자는 기업에 수주를 받아 개발을 진행하고 돈을 받는 형식으로 일한다.

프리랜서 개발자의 장점은 다음과 같다.

1. 높은 단가

프리랜서 개발자의 단가는 매우 다양하게 형성되어 있다. 개발자 개인의 경험, 기술력, 프로젝트의 복잡도와 요구사항에 따라 천차만별 단가가 크게 다를 수 있다. 하지만 어느 정도 경력이 쌓인 개발자라면 상당히 높은 수익을 기대할 수 있다. 특히 고급 기술을 보유하고 있는 개발자의 경우 시장에서의 수요가 높아 그만큼 단가도 올라가게 된다. 지인 중 가장 높은 수익을 올리는 프리랜서 개발자의 경우 한 달에 1천만 원을 받는 사례도 있다. 일반적으로 정규직 개발자가 받는 월급과 비교했을 때 크게 높은 수준이다.

프리랜서 개발자의 가장 큰 장점 중 하나는 세금이나 기타 공제

항목을 제외하므로 실수령액이 높다는 점이다. 이 때문에 많은 개발자가 프리랜서의 길을 택한다. 다만 경력이 많지 않은 초보 프리랜서의 경우 단가가 상대적으로 낮은 편인데, 그럼에도 불구하고 초보 개발자조차 정규직으로 근무할 때 받는 월급보다 최소 2배 이상은 벌 수 있다. 물론 이러한 단가는 개발자의 기술력, 능력, 그리고 클라이언트와의 협상력 등에 따라 달라질 수 있다. 프로젝트의 종류와 복잡성에 따라 단가가 차등 적용되기도 한다.

무엇보다 프리랜서 개발자는 근무시간과 장소에 대한 자유도 덕분에 더 높은 수익을 올릴 수 있다. 본인이 효율적으로 시간을 관리한다면 여러 개의 프로젝트를 동시에 진행하면서 수입을 극대화할 수 있다. 이러한 이유로 프리랜서는 경력이 쌓일수록 수익이 기하급수적으로 증가할 수 있다.

친한 프리랜서 개발자 선배가 최근에 스위스에 갔다. 6개월 동안 높은 단가로 일하고 나서 2개월간 북유럽 투어에 나선 것이다. 정규직이 아니기 때문에 일을 잠시 멈추고 쉬는 시간을 만들 수 있다. 이 자유로움 덕분에 다양한 경험을 쌓고 새로운 영감을 얻을 수 있다. 프리랜서의 삶은 이런 면에서 매력적이다. 자유롭게 자신의 일정을 조정할 수 있고, 원하는 만큼 쉴 수 있다. 하지만 쉬는 만큼 수익도 끊기기 때문에 적정한 균형을 유지해야 한다. 자유를 누리는 만큼 재정적인 부분에서는 항상 신중해야 하고, 노는 시간과 일하는 시간의 균형을 잘 맞추는 것이 중요하다.

2. 선택권

프리랜서 개발자는 소속된 회사가 없기 때문에 일을 직접 찾아서 구해야 한다. 이 때문에 스스로를 관리하고 마케팅하는 능력이 필요하다. 하지만 이러한 특성 덕분에 개발자에게는 '선택권'이 주어진다. 어떤 회사와 일할지, 회사 위치가 어디인지, 프로젝트의 성격은 무엇인지, 팀 구성은 어떻게 되어 있는지 등 모든 것을 자신의 기준에 맞춰 선택할 수 있다.

특히 능력 있는 프리랜서 개발자라면 자신에게 유리한 조건의 일감을 골라서 일할 수 있는 자율성이 매우 크다. 특정 기술을 사용하고 싶거나, 원격근무가 가능한 회사를 선호하거나, 프로젝트의 성격에 따라 자신의 커리어 목표와 맞는 일을 선택할 수 있다. 이러한 선택의 자유는 프리랜서 개발자의 큰 매력 중 하나다. 그러나 이러한 자유를 누리기 위해서는 자신이 검증된 개발자임을 증명해야 한다. 능력과 신뢰가 없다면 선택할 수 있는 일의 폭이 좁아질 수 있고 그만큼 어려움이 커질 수 있다. 증명된 실력과 평판이 있어야만 진정한 의미의 선택의 자유를 느낄 수 있다.

프리랜서 개발자라고 해서 장점만 있는 것은 아니다. 단점은 딱 한 단어로 정리할 수 있다. '불안정'이다. 프리랜서 개발자는 4대 보험에 가입되어 있지 않기 때문에 대출이나 신용카드 발급이 어려울 수 있다. 이런 문제는 경제적인 안정성 측면에서 큰 부담으로 다가온다. 또 심리적으로 불안감을 느끼는 사람도 적지 않다. 정해진 소속이 없는 만큼 매번 프로젝트가 끝날 때마다 새로운 일거리를 찾아나서야 한다는 번거로움도 존재한다. 이러한 과정이 반복되다 보면 심리적인 피로감이 쌓인다.

특히 만약 새로운 프로젝트를 구하지 못할 경우 본의 아니게 일을 쉬게 되는 상황이 발생할 수 있다. 이런 '강제 휴식'은 수입에 큰 영향을 미치기 때문에 지속적인 일감을 확보하기 위해 많은 노력이 필요하다. 예기치 못한 경제 위기와 같은 상황에서는 회사들이 프로젝트 규모를 줄이거나 예산을 삭감하게 되는데, 그때 가장 먼저 영향을 받는 것이 바로 프리랜서 개발자다. 정규직 개발자와 달리 프리랜서 개발자는 경제적 변화에 더욱 민감하며 안정성을 확보하기가 어렵다.

정규직 개발자의 경우 코딩 실력이 부족하면 회사 차원에서 교육을 시키거나 점차적으로 능력을 길러주는 경우가 많다. 회사는 직원의 성장에 투자할 준비가 되어 있고, 그 과정에서 실수를 하더라도 기다려주는 환경이 조성되어 있다. 하지만 프리랜서 개발자는 여유가 없다. 클라이언트는 실력 있는 개발자를 원하며, 결과를 빠르고 정확하게 도출해내기를 기대한다. 따라서 어느 정도 코딩 실력과 경험이 있어야만 프리랜서 개발자로 일할 수 있다.

나이가 어린 개발자나 경력이 짧은 개발자는 프리랜서로서 기회의 폭이 좁은 편이다. 경험과 신뢰를 쌓기 전까지는 경쟁력 있는 프로젝트를 따내기가 쉽지 않고, 기회를 잡는다고 하더라도 부족한 실력으로 인해 금방 한계에 봉착하는 경우가 많다. 이러한 이유로 필자는 프리랜서 개발자로 진입하기까지 일정 수준의 진입장벽이 존재한다고 생각한다.

하지만 실제로 일을 해보면 예상 외로 실력이 부족한 프리랜서가 많이 보인다. 이는 프리랜서 개발자 채용이 대체로 한두 번의 면접이나 짧은 테스트로 이뤄지기 때문이다. 클라이언트가 개발자의 실력을 충분히 검증하지 못하고 급하게 채용하는 경우 기대에 못 미치는 결과를 얻게 된다. 따라서 진입장벽이 있긴 하지만 상황에 따라서는 운 좋게 일할 수 있는 기회를 잡을 수 있다.

주변 개발자 친구들을 둘러보면 20대 후반부터 프리랜서 개발자로 일찍 독립한 친구들이 부자가 되기도 한다. 대기업을 돌아다니며 쌓은 인맥을 바탕으로 사업을 벌이거나, 프리랜서의 자유로움을 활용해 단기로 해외에서 개발자로 일하는 친구도 많다. 여행을 좋아하는 필자 역시 30대 초반에 전 세계를 돌아다니며 코딩을 했으면 좋았겠다는 후회를 한 적이 있다. 자유롭게 다양한 경험을 쌓으며 일하는 모습이 정말 부러웠다.

프리랜서의 삶은 넓은 바다에서 혼자 돛단배를 타고 항해하는 것과 같다. 원하는 방향으로 자유롭게 나아갈 수 있지만 날씨가 나빠지거나 방향을 잃으면 언제든 고립될 위험이 있다. 이 책을 쓰는 동안 필자 역시 1년 정도 직접 프리랜서 개발자로 뛰어보았다. 결과적으로 프리랜서의 삶이 매우 불안정하다는 것을 다시 한번 느꼈다. 계약기간이 짧고, 프로젝트 간 공백이 생길 수 있어 경제적으로 안정적이지 않았다. 또 채용 과정이 정규직만큼 까다롭지 않다 보니 동료들의 실력이 기대에 못 미치는 경우도 많았다. 함께 일하는 팀원이 각기 다른 배경을 가지고 있는 것은 장점이기도 하지만, 그로 인해 팀워크가 부족하거나 실력 차이가 큰 경우도 자주 있다. 실력 좋은 프리랜서와 그렇지 않은 프리랜서 사이의 격차는 상상 이상으로 컸다.

결론적으로 프리랜서 개발자로 일할 생각이 사라졌다. 정규직의 안정성과 보다 나은 팀워크를 선호하게 되었다. 자유로운 일정 관리와 다양한 프로젝트 경험은 만족스러웠지만, 안정성과 커리어 면에서 한계가 있었다.

물론 정규직과 프리랜서의 삶에는 각자의 장단점이 있다. 어떤 선택이 옳고 그르다는 것은 아니다. 중요한 것은 자신에게 맞는 길을 선택하고 그 길 위에서 최선을 다하는 것이다. 개발자로서의 길은 여러 갈래로 나뉘어 있다. 자신의 선택에 책임을 지고 그 선택을 통해 꾸준히 발전해나가는 것이 무엇보다 중요하다. 필자는 성향상 정규직이 낫다는 결론에 이르렀다. 만약 필자에게 어느 길이 좋은지 선택을 강요한다면 정규직을 추천하겠다.

한 걸음 쉬어가기

몰래 날 챙겨주는 백엔드 시스템

나를 위해 오늘도 쉬지 않고 열심히 일하는 소중한 일부가 있다. 온몸에 피를 흘려보내는 데 진심을 다하는 이 친구의 정체는 바로 심장이다. 심장은 인체가 살아 있도록 하는 데 결정적인 역할을 한다. 만약 심장이 없다면 어떻게 될까? 너무나 당연하게 생명도 없을 것이다. 그렇다면 심장이 단 0.1초라도 뛰지 않으면 어떤 현상이 일어날까? 순천향의대 유병욱 교수는 피가 굳어지는 혈전이 발생할 수 있고, 이러한 혈전은 뇌경색으로 이어질 수 있다고 한다. 잠깐의 방심도 허락할 수 없는 매우 중요한 신체기관인 것이다. 개발자들이 오늘도 건강하게 코딩을 할 수 있는 것도 쉬지 않고 뛰는 심장 덕분이다. 보이지 않는 곳에서 열심히 일하는 심장은 우리 몸을 이루는 가장 중요한 백엔드 시스템과 같다.

그렇다면 웹에서도 심장과 같은 중요한 역할을 하는 백엔드 시스템이 있을까? 웹을 몸으로 비유한다면 그 심장의 이름은 '서버'다. 서버와 클라이언트는 암호화된 정보를 주고받으며 통신을 한다. 이 과정을 심장 박동에 비유해 하트비트(Heartbeat)라고 부른다. 백엔드에서 프런트엔드로 전달하는 통신은 심장이 피를 순환시켜 신체를 작동시키는 원리와 비슷하다. 이렇게 백엔드는 보이지 않는 곳에서 일한다. 그래서 우리는 구글 사이트에 접속해도 서버를 볼 수 없다. 만일 여러분이 구글 개발자가 된다면 열어볼 수 있을 것이다.

인체에는 심장뿐만 아니라 각각 고유한 기능을 담당하는 신체 기관이 있다. 대표적으로 소화를 돕는 위, 해로운 물질을 해독하는 간, 산소를 혈액 속으로 받아주는 폐 등이 있다. 오늘 우리가 코딩을 할 수 있는 것도 이러한 신체를 위한 백엔드 시스템이 정상적으로 작동하기 때문이다. 그렇다면 웹에서는 어떨까? 웹에서도 서버 외에 중요한 시스템이 존재한다. 데이터를 저장하는 데이터베이스, 그리고 사용자의 요청을 받아 적절한 작업을 수행하고 그 결과를 사용자에게 반환하는 응용 프로그램이 있다. 이들 역시 백엔드 시스템의 일부를 담당한다. 백엔드 시스템도 서버 외에 이러한 구성요소가 필요하다.

다만 인체와 조금 다른 점이 있다면 웹의 백엔드 시스템은 서버 외의 구성요소가 빠져도 동작이 가능하다는 것이다. 예를 들어 신체는 폐가 없으면 숨을 쉴 수 없어 생명을 유지할 수 없지만 웹에서는 조금 다르다. 사용자의 데이터를 저장할 필요가 없다면 데이터베이스 정도는 빼도 시스템을 구성할 수 있다. 또 복잡한 기능이 필요 없다면 응용 프로그램 없이 간단하게 HTML로만 구성할 수 있다. 하지만 사용자가 원하는 다양한 기능이 필요한 웹 시스템을 위해서는 데이터베이스와 응용 프로그램은 꼭 필요하다.

백엔드 시스템은 아주 재미있는 분야다. 무엇보다 심장과 여러 신체기관처럼 보이지 않는 곳에서 일한다는 점에서 가장 큰 매력을 느낀다. 보이지 않는 곳에서 사용자를 위해 서버를 관리하고 프로그램과 데이터베이스를 제공하는 것이 마치 묵묵히 우리를 위해 애쓰는 부모님과 같다는 생각이 든다. 오늘부터 프로그램을 사용할 때마다 저 너머에 가려져 있는 백엔드 시스템의 매력을 함께 느껴보길 바란다.

01010101
10101010
01010101

5장.
개발자의 하루

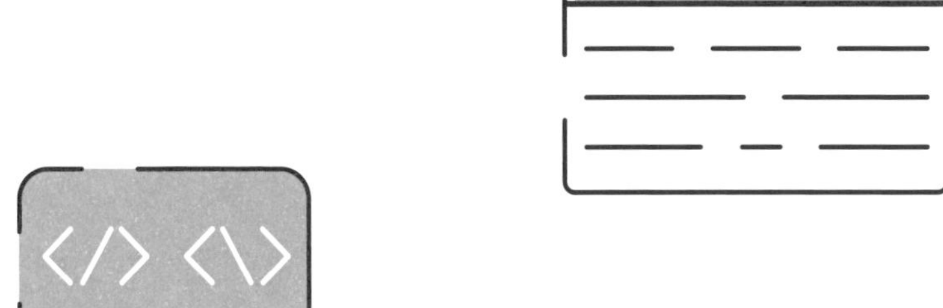

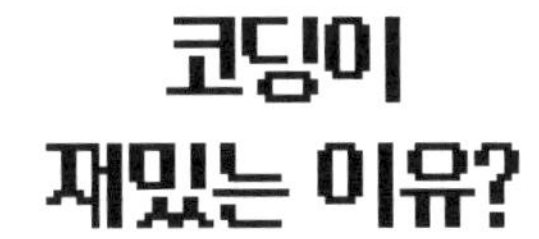

코딩이 재밌는 이유?

레벨을 올리는 성장의 기쁨

필자는 게임을 좋아하지 않는다. 실제로 게임을 해도 체험판 정도만 플레이할 뿐, 그마저도 지루해서 클리어하지 못하는 경우가 많다. 하지만 코딩은 다르다. 코딩은 일단 시작하면 끝을 본다. 완성물이 만들어질 때까지 해야 직성이 풀린다. 아마도 필자에게는 코딩이 게임과 같은 존재일 것이다. 많은 사람이 코딩의 어떤 점이 매력적인지, 왜 즐거움을 느끼는지 궁금해 한다. 이번에는 그 이유를 정리해보겠다.

리니지와 같은 MMORPG가 왜 재밌을까? 아마도 미션을 수행하고 적을 물리치면서 얻는 경험치로 레벨을 올리는 즐거움이 있기 때문일 것이다. 그런 성장의 기쁨은 숫자로 바로바로 표현된다. 매일 성장하는 캐릭터를 보면서 대리 만족을 느끼는 것이다. 즉 성장의 기쁨에서 재미를 얻는다. 게임만큼 코딩도 소위 '레벨업'이 가능하다. 필자가 신입 시절 일주일 내내 매달려도 해결하지 못했던 과제가 이제는 10분도 채 걸리지 않는다. 그렇게 성장한 모습을 보며 뿌듯함을 느낀다.

이 밖에 다른 객관적인 지표도 있다. 연차가 늘고 후배가 생기면서, 게임 속 캐릭터가 성장하는 것과 같은 기쁨을 누린다. 무엇보다 코딩의 세계가 광대한 게임 속 필드보다 넓고 매력적이라 생각한다. 평생 레벨을 올리며 성장하고 싶은 만큼 성장할 수 있다. 이것이 바로 광대한 코딩의 매력이 아닐까 싶다.

도쿄 오다이바 다이버시티 도쿄 플라자 페스티벌 광장에는 실물 크기의 '건담'이 전시되어 있다. 이 거대한 로봇은 19.7m, 7층 아파트 정도의 크기다. 이 로봇의 크기를 실감하고 싶다면 동네에 있는 아파트 한 동이 쿵쾅쿵쾅 걸어 다니는 모습을 상상해보라. 건담 시리즈는 1979년 TV 방송을 시작으로 일본을 대표하는 로봇 애니메이션이 되었다. 우주를 무대로 주인공이 조정석에 앉아 거대한 건담을 능숙하게 조정하면서 악당을 물리치는 모습은 어린이뿐만 아니라 다 큰 어른의 마음에도 불을 지핀다.

뜬금없이 건담을 거론한 이유는 건담을 운전하는 것만큼 재밌고 웅장한 일이 있기 때문이다. 바로 코딩이다. 코딩과 건담을 조정하는 일은 비슷한 면이 있다. '잠깐, 고코더님! 하나도 안 비슷한 것 같은데요?'라고 생각하는 여러분의 마음속 소리가 여기까지 들리는 것 같다. 사실 개발자는 거대한 로봇보다 더 크고 웅장한 것을 조정한다. 그것도 키보드로 말이다. 개발자는 전 세계 인구가 접속하는 거대한 웹사이트를 자유롭게 움직일 수 있게 조정하고, 수십억 명의 눈을 사로잡는 애플리케이션을 조정한다. 그 도구가 바로 코딩이다.

아마존은 세상에서 가장 거대한 온라인 쇼핑몰을 가지고 있다. 또 클라우드 플랫폼 시장에서도 1위를 달리고 있다. 2025년 2월 기준 아마존의 시가총액은 약 2조 5천억 달러다. 한국의 모든 기업의 시가총액을 합친 것보다도 많은 수치로 실로 어마어마한 것이다. 아마존이라는 이름에는 세계에서 가장 큰 강인 아마존처럼 넓고 다양하며 세계적인 기업을 만들고자 한 창업주의 포부가 담겨 있다.

아마존 우림은 지구의 열대우림지 중 절반 이상을 차지하는 곳이다. 지구의 산소 20% 이상을 생성하며 '지구의 허파'라는 별명을 가지고 있다. 크기는 약 67만km^2로 평수로 변환하면 약 1억 8,307만 3천 평이다. 2억 평에 가까운 어마어마한 크기다. 아마존

사의 아마존닷컴(Amazon.com)은 거대 공룡 IT 기업으로 거듭나면서 그 이름값을 톡톡히 했다. 아마존 우림의 60%를 소유하고 있는 나라 브라질의 국내총생산량(GDP)과 기업 아마존의 시가총액을 비교해보자. 브라질의 2023년 GDP는 2.174조 달러에 그쳐 기업 아마존의 시가총액보다도 낮은 상황이다. 아마존사는 열대우림 아마존보다도 더 큰 규모의 기업이 된 것이다. 정말 놀라운 일이다.

다시 본론으로 돌아가보자. 거대 로봇을 조종하는 것은 분명 재미있는 일이다. 하지만 현실에서는 존재하지 않는 일이다. 그래서 게임이나 영화로 즐기는 것이다. 그러나 개발자는 앞서 언급한 아마존닷컴처럼 로봇과는 비교도 할 수 없는 훨씬 더 거대한 시스템을 움직일 수 있다. 여러분이 아마존닷컴의 개발자가 된다면 키보드 한 줄로 매월 2억 명이 접속하는 사이트를 움직일 수 있다. 건담이 쏘는 화려한 미사일처럼 한 줄 코딩으로 해커들을 물리칠 수 있고, 건담처럼 하늘을 날 수는 없지만 링크 코드 한 줄로 수억 명을 순간이동시킬 수 있다.

멋진 조정사들

건담을 조정하는 조종사가 있듯이 코딩에도 조종사 역할을 하는 개발자가 있다. 우리 주변에서 만날 수 있는 멋진 조종사의 사례를 살펴보자.

1. 서울버스 앱을 만든 고등학생

버스는 서민의 훌륭한 다리다. 동시에 하염없이 기다려야 하는 존재다. 가끔 한눈이라도 팔면 휑 하고 떠나버린다. 다행히 지금은 누구도 버스를 기약 없이 기다리지 않는다. 대중교통 앱 덕분이다. 이러한 버스 앱을 만든 고등학생이 있다. 바로 유주완 개발자다. 그가 고등학생 때 만든 '서울버스'라는 앱은 2009년 12월 애플 앱스토어에 등록되었고 사람들로부터 뜨거운 반응을 얻어 최다 다운로드 수를 기록했다. 사용자들의 만족도도 높아 평점 5점 만점에 4.5점대를 꾸준히 기록하며 오랫동안 상위권 앱의 자리를 지켰다.

유주완 개발자는 단순히 자신이 버스를 편리하게 이용하고자 이 앱을 개발했다고 한다. 그것도 수개월 만에 말이다. 유주완 개발자가 컴퓨터와 처음 인연을 맺은 것은 초등학교 3학년 때였다. 우연히 '이찬진컴퓨터교실'에 다니면서 컴퓨터를 접하게 되었고 컴퓨터에 푹 빠져들었다고 한다. 단순히 게임을 즐긴 것이 아니라 코딩에 관심이 많았다. 초등학교 4학년 때 참가한 학교 홈페이지 공모전에서 유주완 개발자는 자신이 코딩한 대로 컴퓨터가 작동하는 것을 보고 큰 즐거움을 느꼈다. 이후 덥고 추운 버스 정류장의 긴 기다림을 해결한 멋진 코딩 조정사가 되었다.

2. 2시간 만에 만든 메르스 지도

2015년 중동호흡기증후군(메르스) 사태로 대한민국 사회가 공포에 휩싸였을 때, '메르스 확산 지도'라는 사이트가 탄생했다. 이 지도는 놀랍게도 컴퓨터를 전공하지 않은 한 대학생이 만든 사이트였다.

이 학생이 앱을 만들 때 도움을 준 사람이 바로 이두희 개발자다. 수많은 사람과 세상에 단시간에 영향을 줄 수 있는 유일한 수단은 소프트웨어라고 이두희 개발자는 확신했다. 소프트웨어가 세상을 지배하는 힘이 점점 강해지는 지금, 성공하려면 단순히 그것을 다루는 것을 넘어 직접 만들 수 있어야 한다고 그는 생각했다.

이두희 개발자는 2013년 컴퓨터 비전공자들을 대상으로 코딩을 가르치는 교육단체 '멋쟁이사자처럼'을 설립했다. 좋은 아이디어가 있어도 코딩을 몰라 아이디어를 실현하지 못하는 사람들에게 도움을 주기 위해 설립되었다. 2016년 8월, 구글이 세상을 변화시킬 아이디어를 가진 비영리 단체를 지원하기 위해 개최한 '구글 임팩트 챌린지'에서 최종 우승을 차지하며, 5억 원의 상금과 12개월간의 프로그램 멘토링을 지원받는 성과를 거두기도 했다. 그는 "구글 지원금을 토대로 컴퓨터 문외한들을 소프트웨어 개발자로 키워내고 싶다"고 소감을 밝혔다. 이두희 개발자는 코딩으로 세상을 이롭게 하고 아이디어를 실현할 수 있게 도와주는 진정한 코딩 조정사라 할 수 있다.

코딩은 곧 돈이다

축구선수는 축구를 잘하면 돈을 번다. 유명 클럽에 스카우트되어 고액의 연봉을 받는다. 야구, 럭비, 배드민턴 등 다른 운동도 마찬가지다. 요즘은 게임도 돈이 된다. 게임을 잘하면 대회에 나가서 상금을 받을 수 있다. 코딩 또한 그렇다. 코딩도 잘하면 돈이 된다. 수많은 프로그래머가 회사에 소속되어 있으며, 그중 실력이 출중한 사람은 구글 온라인 챌린지와 같은 테스트를 통해 미국의 주요 빅테크 기업에 취직한다. 코딩을 잘하는 만큼 돈으로 연결되니 즐거울 수밖에 없다. 코딩으로 돈을 벌 수 없었다면 필자 역시 코딩을 하지 않았을 것이다.

필자는 앞으로도 코딩을 할 것이다. 아마도 평생. 물론 다른 직업에도 코딩만큼 즐거운 요소가 있을 것이다. 하지만 개발자만이 느낄 수 있는 유니크한 기쁨이 분명 존재한다. 그러므로 이 책을 읽는 독자 여러분도 목표한 대로 개발자가 되어서 개발자만이 느낄 수 있는 기쁨을 느꼈으면 한다. 조기은퇴가 유행인 요즘, 필자의 소망은 은퇴 없이 80세까지 코딩을 하는 것이다. 개발의 즐거움이 오랫동안 변치 않기를 바란다.

화성에서 온 개발자

아주 오랜 옛날, 익룡이 하늘은 날고 공룡이 땅 위에 거대한 발자국을 남기던 시절이 있었다. 그때와 지금 달라지지 않은 게 있다면 우주에 2개의 밝고 큰 행성이 떠 있다는 것이다. 하나는 금성이고, 또 다른 하나는 화성이다. 40년간 관계상담 전문가로 활동한 존 그레이(John Gray) 박사는 『화성에서 온 남자 금성에서 온 여자』를 통해 남녀 사이에 일어나는 갈등의 원인을 규명했다. 남자와 여자를 각각 화성과 금성에서 왔다고 비유함으로써 전 세계 수많은 연인과 부부로 하여금 서로를 바라보는 관점을 바꿔놓았다.

남자와 여자만 화성과 금성에서 온 것이 아니다. 개발자와 비개발자도 화성과 금성에서 왔다. 개발자들은 화성에서 왔다. 그들은 열정적이고, 아침부터 저녁까지 컴퓨터와 끊임없이 대화를 나누고, 언제나 바쁘지만 코딩 속에서 행복을 찾았다. 비개발자들은 금성에서 왔다. 기획자와 디자이너는 매일 아침 브런치를 먹으며 하루를 시작했고, 세상을 바꿀 아이디어가 항상 넘쳐났다.

그러던 어느 날, 두 행성의 사람들이 우연히 서로의 존재를 발견했다. 너무나 다른 매력을 가졌기에 서로에게 끌렸고, 함께 지구(회사)라는 행성으로 이주하기로 결심했다. 그렇게 두 종족의 불가사의한 동거가 시작되었다.

너무 다른 두 행성의 말들

비개발자와 개발자, 두 종족은 서로 다른 행성에서 왔다. 그만큼 서로 다를 수밖에 없다. 자연스럽게 그들은 충돌하기 시작했다. 특히 이들은 언어가 너무 달랐다. 분명히 같은 말을 사용하고 있지만 그 속에 담긴 내용과 뜻은 너무도 달랐다.

어느 날 그들은 이 문제를 해결하기 위해 대책을 세우기로 한다. 개발자와 비개발자가 같은 문장을 어떻게 다르게 이해하는지 알기 위해 개발자의 시선에서 번역집을 만들기로 했다.

"개발자님, 가능은 하죠?"

"가능은 한데요. 그걸 하려면…"

"가능하면 그냥 해주세요."

"아니, 가능하려면 이렇게 저렇게 수정해야 해서요. 한 달은 걸려요."

"뭐라고요?!"

"한 달이라고요."

코딩은 거의 모든 것을 만들 수 있다. 다만 그 과정에는 시간이란 소비재가 필요하다. 만약 시간이 무한대로 있다면 모든 것이 가능할 것이다. 하지만 아쉽게도 개발자에게는 주어진 시간이 그리 많지 않다. "가능은 하죠?"라는 말에 함부로 대답했다가는 밀린 업무에 새로운 업무가 더해져서 집에 가지 못하고 회사에서 먹고 자야 하는 불상사가 발생할 수 있다. 그래서 개발자들은 가능이라는 말에 소극적일 수밖에 없다.

이럴 때 이렇게 해보는 건 어떨까? "혹시 언제까지 가능하실까요?"라고 먼저 소요 시간을 물어보는 것이다. 그에 맞춰 일정을 잡는다면 대화가 훨씬 수월할 것이다. 물론 개발자가 꾀병을 부리지 않는다면 말이다.

"이거 간단한 거죠?"

"아니요. 이걸 수정하려면 어쩌고저쩌고…"

"그냥 이거 옆으로 옮기면 될 것 같은데요?"

"아니요. 그걸 옮기려면 어쩌고저쩌고…"

"그러면 그렇게 옮기면 되겠네요!"

"아니요. 그걸 옮기려면…"

(반복)

비개발자와 개발자의 시선에는 큰 온도 차가 있다. 보기에는 아주 쉬워 보이는 것도 개발자에게는 매우 어려운 문제일 수 있다. 예를 들어 버튼을 옆으로 1cm 옮겨달라는 아주 간단해 보이는 요청이 개발자에게는 다음과 같이 들릴 수 있다.

"이 3층 건물을 옆으로 1cm만 옮겨주세요."

아무리 쉬워 보이는 문제도 로직이 얽히고설키면 큰 문제가 될 수 있다. 이럴 때는 무작정 해내라고 요청하는 것이 아니라 그 이유를 상세히 물어볼 필요가 있다. 그다음에 판단해도 늦지 않는다. 물론 개발자의 설명을 이해하려면 최소한의 IT 지식은 필요할 것이다.

"개발자님, 이 부분은 페이스북에 있는 기능처럼 해주세요."

"아니요. 그걸 만들려면 꽤 어려운데요."

"그럼 인스타그램에 있는 기능처럼 해주세요."

"그것도 매우 어렵고 어떻게 되어 있는지 저도 잘…"

"그럼 아마존에 있는 저 기능도 안 되나요?"

"네, 그거 굉장히 어려워요."

경쟁력 있는 업계 선두자의 기능을 벤치마킹하는 것은 매우 좋은 아이디어다. 하지만 벤치마킹한 기능 안에는 끝을 알 수 없는 깊이가 존재한다. 예를 들어 구글의 검색 기능 버튼 하나에만 수백만 대의 서버가 연결되어 있는 것처럼 말이다. 개발자가 가장 두려워하는 것은 아무런 자원 없이 메이저 시스템의 기능과 똑같이 만들어달라는 요청이다. 개발자가 느끼는 부담감은 이렇다.

'수백 명의 대기업 개발자가 오랜 기간 매달려서 만든 서비스를 나 혼자 뚝딱 만들라고?'

이럴 때는 해당 기능에 대해 개발자와 충분히 이야기를 나눠보고, 그 기능을 세부적으로 분석한 후 계단을 오르듯이 하나씩 만들어가는 방법을 고려해야 한다.

"개발자님, 이거 내일까지 부탁해요!"

"내일이요? 시간이 없어요."

"이거 중요한 거예요. 저희 팀장님께서 내일까지는 꼭 되어야 한다고 하세요."

"긴급한 건 아는데 내일까지는 어려워요. 3일 정도 소요될 것 같아요."

"아니, 내일까지 해야 된다니까요?"

"안 된다니까요."

간혹 개발자를 마치 요술램프의 지니처럼 여기는 경우가 있다. 말만 하면 뭐든지 만들어내는 마법사처럼 여긴다. 그것은 착각이다. 개발자도 협업이 필요하다. 일방적으로 요청한다고 모든 소원을 들어줄 수는 없다. 개발자는 요정 지니가 아니라 사람이기 때문이다. 일정에 대해서는 반드시 협의가 필요하다. 아무런 협의 없이 불쑥 요청하면 기존 일정까지 전부 조절해야 하므로 매우 난감한 상황이 될 수 있다. 아무리 상황이 급해도 사전에 개발팀에게 일정을 묻고 의견을 조율하는 과정이 필요하다. 물론 서비스에 즉각적인 영향을 끼칠 수 있는, 정말로 긴급한 경우에는 개발자도 적극 협조해야 한다. 오류를 해결할 수 있는 사람은 개발자밖에 없기 때문이다.

다른 행성에서 온 그들이 부디 원만한 상호관계 속에서 화기애애한 관계를 유지하길 바란다. 결국 IT라는 세상에서 개발자와 비개발자는 필연적으로 만나게 된다. 이 둘은 서로 다른 것 같으면서도 많이 닮아 있다. 서로를 이해하는 것보다 중요한 것은 '서로를 존중하는 마음'과 '서로를 믿고 신뢰하는 마음'이다.

화성에서 온 개발자와 금성에서 온 비개발자. 그들은 오늘도 티격태격하며 직장 생활을 이어간다. 그들이 얽히고설키는 동안 IT 업계는 좀 더 발전해나간다. 세상의 모든 개발자와 비개발자의 열정을 응원한다.

술, 담배
그리고 개발자

이번 글은 술과 담배를 낙으로 살아가는 개발자에게는 다소 불편한 내용일 수 있다. 필자는 누구나 공감할 수 있는 객관적인 내용의 글을 쓰기 위해 노력해왔다. 하지만 이번에는 지극히 주관적인 생각을 풀어내려 한다. 혹시 개발자에게 술과 담배가 당연하다고 생각한다면, 이번 장은 건너뛰는 것이 마음 편할 수 있다.

'개발자'라고 하면 무엇이 떠오르는가? 여러 대의 모니터, 안경, 타자기 소리 등이 떠오른다. 그중 필자는 술과 담배가 먼저 떠오른다. 필자는 술과 담배를 전혀 하지 못한다. 담배는 냄새가 지독해서 싫고, 술은 조금만 마셔도 온몸이 빨갛게 붓고 토까지 한다. 술과 담배는 필자의 개발자 생활을 늘 고역스럽게 만들었다. 선배들은 담배를 피우지 않아도 흡연실까지 데려가 훈수를 두었고, 덕분에 지독한 연기 속에서 담배 냄새를 견뎌야만 했다. 그들은 어떻게 담배를 안 피우냐며 마치 외계인을 보듯이 비흡연자를 신기하게 봤다.

흡연자는 보통 흡연을 하는 데 하루 평균 44분을 사용한다고 한다. 담배를 한 번 피우면 약 10분 이상의 시간이 소비된다. 업무시간에 많게는 수십 회 자리를 이탈하며 담배를 태운다. 비흡연자와 비교하면 코딩에 집중할 수 있는 시간에서 차이가 발생한다. 흡연의 장점도 있을 수 있다. 담배를 피우며 동료와 친밀해질 수도 있고 어떤 문제의 해결책이 갑자기 떠오를 수도 있다. 하지만 이것은 담배 없이 휴게공간이나 사무실에서도 가능한 일이다.

담배가 건강에 좋지 않은 건 과학적으로 명백한 사실이다. 장기적으로 스스로의 삶에 좋은 행위가 아니다. 무엇보다 담배 냄새는 주변 동료들에게 스트레스를 준다. 업무 특성상 개발자는 다른 직원과 종종 밀접하게 붙어 대화를 해야 한다. 그럴 때마다 죄 없는 비흡연자는 역겨운 냄새를 참아야 한다. 결론적으로 하고 싶은 말은 이것이다. 금연을 제안한다.

술 또한 문제다. 주변에 유독 술을 좋아하는 개발자 선배가 많았다. 회식에서 술을 마시는 것을 굉장히 중요한 예절이라고 생각했다. 술을 먹으면 몸이 급속도로 나빠진다는 말을 핑계로 들었는지 분위기 깨지 말라며 강제로 술을 마시게 했다. 그야말로 지옥이었다. 회사는 정기적으로 회식을 한다. 이러한 교류의 장을 통해 평소 하지 못한 긴밀한 대화를 나누면서 가까워지는 시간을 갖는다. 하지만 이런 자리에서 술을 강요하는 사람이 나타나면 술을 못 마시는 사람에게는 고역의 시간이 된다.

"어, 자네 술잔 아직도 안 비웠어?" 하고 술고래 선배가 술잔을 수시로 체크하며 반강제로 술잔을 비워내게 한다. 억지로 술잔을 받은 이의 표정은 점점 어두워지지만 술을 권하는 이의 얼굴은 밝아지고 목소리는 커진다. 그들은 왜 술을 권할까? 아마도 그러한 행위를 통해 존재 가치를 증명하고 싶어 하는 것 같다. 원하는 대로 눈앞에서 자신의 명령에 따르고 술잔을 비우면 자존감이 되살아나는 걸까? 혹은 자신만 취하기 싫어서 그런 걸까? 정말 이기적이고 강압적이다. 권력을 사용한 폭력에 가깝다. 마시지 못한다고 하면 강요하지 말아야 한다.

달라진 개발자 문화

현재 필자가 일하고 있는 사무실의 개발자들은 전부 비흡연자다. 회식을 해도 콜라만 마시는 필자를 두고 구박하지 않는다. 직급이 올라가고 나이가 차면서 강요를 거절할 수 있는 힘이 생긴 것도 있지만, 실제로 술과 담배를 권하는 문화가 많이 사라졌다. 물론 여전히 10여 년 전 그때처럼 술과 담배에 환장하는 조직도 존재할 것이다. 그래도 비율적으로 보면 개발자 문화가 확연히 좋아진 걸 느낀다. 술자리 대신 함께 영화관을 가고, 공연을 보고, 산책을 하기도 한다. 카페에 가서 알코올 없이 친밀함을 쌓기도 한다. 앞으로 이러한 문화가 보다 발전되었으면 한다. 좀 더 유익하고 모두가 즐거운 문화를 미래 세대의 개발자에게 선물해주고 싶다.

만약 술과 담배를 강요하는 회사에 입사했다면 어떻게 해야 할까? 술과 담배를 못한다면 완강하게 거절하라. 그래도 끝까지 상대가 이기적인 고집을 꺾지 않는다면 보다 높은 상관에게 보고하라. 그 방법조차 도움이 되지 않는다면 과감히 그만두기 바란다. 정신적인 고통에서 벗어나 개발자의 꿈을 펼칠 수 있는 곳으로 이직하자. 모두가 그렇게 행동해야 잘못된 강요 문화가 사라지지 않을까?

개발자와 야근의 담론

개발자와 야근이란 주제는 치열하게 얽혀 있는 담론이다. 개발자라고 소개하면 "정말 야근 많이 하세요?"라는 질문을 수도 없이 받는다. 그만큼 개발자는 야근을 많이 하는 직종이라는 오해 아닌 오해가 퍼져 있다. 필자도 과거에는 야근을 참 많이 했다. 한 번은 3일 밤낮으로 72시간을 코딩한 적도 있다. 집에 돌아가는 길에 졸음을 이기지 못해 맥도널드에서 500원짜리 아이스크림콘을 들고 잠든 적이 있다. 야근은 업무의 한 부분이자 덕목이었다.

그렇다면 야근은 정말 나쁠까? 필자는 나쁘다고 생각한다. 야근으로 인해 회삿돈으로 저녁밥을 챙겨 먹을 수 있다는 점 외에는 크게 장점이 없다. 실제로 야간근무가 잦은 사람은 심혈관 질환에 취약하다는 연구 결과가 있다. 잦은 야근을 하는 사람은 정상적으로 일하는 사람보다 혈압이 높고, 당뇨병에 걸릴 확률 역시 높다고 한다. 잦은 야근으로 인한 수면 부족, 잘못된 식습관, 운동 부족 등이 악영향을 미쳐 혈관계 질환에 더욱 취약해진다는 것이다. 또 야근이 잦아지면 만성피로증후군에 시달릴 수 있다. 만성피로, 집중력 저하, 수면장애, 두통, 근육통, 관절통, 위장장애, 무력감, 복통, 식욕부진, 체중 감소, 우울, 불안 등의 증상을 호소하게 된다.

야근이 잦아지면 생산성도 떨어진다. 하루를 8시간으로 생각하지 않고 12시간 이상으로 생각하게 되니 오후로 일을 넘기는 습관이 생길 수 있다. 필자도 이런 이상한 습관에 빠져 고생한 적이 있다. '어차피 야근할 테니 저녁에 할까?' 하는 식으로 당장 급한 일도 미루는 경우가 많았다. 이런 습관으로 인해 업무 효율이 떨어졌다. 생산성이 떨어지면 회사에도, 본인에게도 좋을 리 없다.

야근하지 않는 개발자가 되려면

그렇다면 야근하지 않는 개발자가 되려면 어떻게 해야 할까? 가능은 할까? 필자가 생각하는 야근하지 않는 개발자가 되는 비결은 이렇다.

먼저 생산성을 기르는 것이다. 같은 문제를 처리할 때도 개발자의 능력에 따라 시간 소요가 다르다. 1분 만에 해결하는 사람이 있고, 1시간이 걸리는 사람이 있다. 부디 전자가 되길 바란다. 코딩 생산성을 기르기 위해서는 우선 평소 충분한 코딩 학습이 필요하다. 예습한 학생이 먼저 문제를 풀고 진도를 잘 따라가는 것처럼 충분한 사전 학습이 필요하다. 평소 시스템에서 모르는 부분이 발생하면 기록해두고 시간을 내어 학습할 필요가 있다. 개발도구 역시 잘 활용해야 한다. 종이를 자르는 일도 가위를 쓰면 효과적인 것처럼 개발도구에 있는 여러 기능을 세세하게 익혀놓으면 도움이 된다. 특히 단축키를 활용하면 실력 대비 생산성을 크게 올릴 수 있다.

그다음으로 너무 당연한 소리지만 매사 집중을 하는 것이다. 업무시간을 최대한 활용해서 일에 집중한다면 야근이 줄어들 것이다. 개발자의 영원한 친구 '담타(담배타임)' '커타(커피타임)'로 인해 일을 제때 끝내지 못하는 모습을 자주 본다. 체력을 충전해 더 빠르게 달릴 수 있다면 잠시 쉬는 것도 좋은 선택이다. 하지만 그 시간을 제대로 활용하지 못하는 개발자라면 쉬는 시간을 아껴서 업무에 집중하는 것이 좋다.

그렇다면 현재의 야근 문화는 어떨까? 프로젝트 막바지인 경우나 필요할 때는 야근을 하는 분위기지만 일명 보여주기식 야근은 찾아보기 힘들다. 필자도 야근을 안 한 지 오래 되었다. 신입 개발자 역시 이제는 워라밸을 충실히 지키고 있다. 주 52시간 근무제가 도입되면서 주간 법정 근로시간이 68시간에서 52시간으로 줄어들었다. 40시간 근무 원칙에 연장근무가 최대 12시간으로 제한된다. 이러한 근로자를 위한 제도가 탄생하면서 개발자 역시 수혜를 보고 있다. 물론 모든 개발자가 이런 혜택을 받는 것은 아니다. 그렇다고 마냥 불평할 수는 없다.

개발자란 업무의 특수성을 다시 한번 생각해봐야 한다. 프로젝트에서 정한 기한을 맞추지 못하면 야근을 해야 한다. 회사에 막대한 손해를 미칠 수 있어 이때는 어쩔 수 없이 야근을 한다. 야근을 할 수밖에 없는 변수도 존재한다. 예를 들어 갑작스럽게 치명적인 버그가 발생하는 상황이라면 어떨까? 이런 경우 해당 버그가 완전히 수정되기 전까지 야근을 해야 한다. 이때도 '칼퇴'를 바란다면 개발자의 덕목을 무시한 행동이 된다. 마치 경찰이 도둑을 잡으러 뛰어가다가 퇴근시간이라면서 다 잡은 도둑을 그냥 두고 집에 가는 것과 같다.

사랑받는 개발자가 되자

'사랑받는 개발자'라니. 정말 그런 개발자가 있을까? 필자에게도 조금은 낯선 문장이다. 프로그래머 사이에서는 능력 좋은 개발자를 좀 더 우대한다. 회사에서도 마찬가지다. 이번 장에서는 회사에서 인정받는 그런 의미의 좋은 개발자가 아니라, 직원들 사이에서 사랑받는 개발자에 대해 이야기하겠다. 기획자, QA, PM에게 사랑받는 그런 개발자 말이다. 사실 싸우지만 않아도 다행이지만, 사랑받는 개발자가 되기 위해서는 어떻게 해야 할지 함께 고민하는 시간이 되었으면 한다.

기획자가 미워하는 개발자의 4가지 유형

1. 모르쇠형

"이건 기획서에 없던 내용인데요?" "언제 그런 말을 했죠?" 등 매사 시치미를 떼는 유형이다. 개발자와 기획자 간의 오해가 커지는 경우다. 기획서를 꼼꼼히 살펴보지 않거나, 사전 리뷰에서 논의한 내용을 서로 제대로 전달하지 못하면 이러한 문제가 발생한다. 무작정 모르쇠로 밀어붙일 것이 아니라, 다시 한번 일정과 우선순위를 확인하고 진행하는 것이 좋다. 다만 사전에 협의되지 않은 추가 사항이라면 즉시 개발 PM에게 문의해서 상황을 설명하고 결정을 기다려야 한다. 모르쇠형 개발자는 기획 단계에서 소통이 부족할 때 발생하는 경우가 많으므로, 사전 리뷰에서 모든 내용을 명확하게 이해하고 소통할 필요가 있다. 불명확한 부분을 확인하는 과정이 필수적이다. 의사소통이 잘 이뤄지지 않으면 서로의 기대치가 맞지 않아 문제를 초래할 수 있다. 기획자와 개발자 간의 원활한 소통과 협업이 이와 같은 오해를 방지하는 데 매우 중요하다. 개발자는 개발을 시작하기 전에 기획 의도와 요구사항을 충분히 이해해야 하며, 그 과정에서 발생하는 불확실한 점을 적극적으로 질문하는 자세가 필요하다.

2. 궁예형

기획 의도와 다르게 추측해서 개발하는 경우로, 특히 신입 개발자가 많이 위축된 상태에서 자주 이러한 실수를 저지른다. 기획서가 아무리 꼼꼼하게 잘 작성되어 있어도 결국 사람이 만든 것이기 때문에 실수나 미비한 부분이 있을 수 있다. 기획서를 이해하는 데 조금이라도 의문점이 있다면 반드시 물어봐야 한다. 질문 없이 혼자 추측해서 진행하면 프로젝트의 방향 자체를 잘못 잡을 위험이 있다. 신입 시절에는 질문 없는 개발자보다 질문이 많아서 귀찮은 개발자가 되는 것이 현명하다. 많은 질문이 오히려 팀과 프로젝트의 성공을 돕는 역할을 할 수 있다.

궁예형 개발자가 되는 실수를 줄이기 위해서는 질문하는 습관을 길러야 한다. 기획서를 읽을 때 애매한 부분이 있다면 넘기지 말고 바로 기획자에게 문의하는 것이 중요하다. 또한 추측에 의존하지 말고 항상 명확한 지침에 따라 개발을 진행하는 자세를 가져야 한다. 개발자와 기획자 간의 의사소통이 원활하게 이뤄져야 올바른 방향으로 프로젝트를 추진할 수 있으며, 이를 통해 기획 의도와 정확히 일치하는 결과물을 도출할 수 있다.

3. 기획자형

기획자형 개발자는 비즈니스 모델이나 개발 이유에 대해 의문을 품는 유형이다. 이러한 유형의 개발자는 나름대로 긍정적인 면이 있다. 기획의 방향이나 비즈니스 모델에 대해 비판적으로 접근함으로써 보다 나은 결과를 도출할 기회를 제공하기 때문이다. 그러나 개발 건에 대해 개발자가 과도하게 의심을 품으면 기획자에게 실례가 될 수 있다. 마치 기획자가 개발자의 코드에 대해 지나치게 의심을 품는 것과 같은 맥락이다. 서로의 업무 영역을 침범하는 것처럼 보일 수 있어 관계를 불편하게 만들 수 있다.

따라서 기획자형 개발자는 적당한 균형을 유지하는 것이 중요하다. 기획에 대해 합리적인 의심을 가지되, 상대의 영역을 존중하며 더 나은 방향을 모색하는 건설적인 태도가 필요하다. 의심을 품는 이유에 대해 명확하게 설명하고, 기획자와 함께 해결책을 모색하는 방식으로 접근해야 한다. 이는 개발자와 기획자 간의 신뢰를 쌓는 데 도움을 줄 수 있으며, 궁극적으로 프로젝트의 품질을 높이는 데 기여할 수 있다. 지나친 의심보다는 건설적인 피드백을 통해 기획 의도에 맞는 개발을 진행하도록 노력하자.

4. 기계형

기계형 개발자는 필자가 개인적으로 가장 좋아하지 않는 유형이다. 이 유형의 개발자는 주어진 일을 기계적으로 수행하며 애정 없이 단순히 하라는 대로만 작업하는 태도를 보인다. 예를 들어 기획 단계에서 잘못된 것을 발견했음에도 불구하고 그 부분을 지적하거나 수정하려는 노력 없이 그대로 개발을 진행하고 책임을 전가하는 경우다. 보통 회사나 프로젝트에 대한 애정이 부족한 개발자가 이러한 태도를 보인다. 개발의 품질과 팀의 사기에도 악영향을 미칠 수 있다. 프로 의식이 있는 개발자라면 어떠한 상황에서도 최선을 다해야 한다. 기획의 오류를 발견했다면 이를 지적하고 적절한 수정 방법을 제안하는 자세가 필요하다. 단순히 지시대로 작업하는 것이 아니라, 주인 의식을 가지고 업무를 수행해야 한다.

기계형 개발자에서 벗어나기 위해서는 자신의 업무에 대한 책임감과 애정을 가지고 항상 최상의 결과물을 내기 위해 노력해야 한다. 그래야만 팀 내에서 신뢰받는 개발자가 될 수 있으며 개인적으로도 성장할 수 있는 계기를 마련할 수 있다. 개발은 단순히 코드만 작성하는 일이 아니라, 문제를 해결하고 보다 나은 결과물을 만들어내는 창의적인 작업이다. 기계적으로 대응하는 태도에서 벗어나 문제 해결을 위한 주도적이고 창의적인 자세를 유지한다면 사랑받는 개발자가 될 수 있다.

사랑받기 힘든 개발자의 길

사실 이 세상에 사랑받는 개발자는 없다. 회사에서 코딩을 하고 있다면 주변을 둘러보라. 사랑받는 개발자가 있는가? 대부분은 없을 것이다. 개발자는 항상 바쁘고, 코드와 씨름하며 일한다. 그렇기에 사람들에게 감사를 받기보다는 그냥 일을 잘 처리해주는 기술자로 보일 때가 많다. 어쩌면 일을 잘하면서 사랑까지 받는 개발자가 된다는 건 유토피아에 가까운 일이다. 그렇다고 해서 굳이 '나쁜 개발자'가 될 필요는 없다. 사랑까진 아니어도 남에게 실망감을 주는 개발자가 될 필요는 없는 것이다.

적어도 나쁜 개발자가 되지 않기 위해서는 무엇을 해야 할까? 주변을 잘 살필 필요가 있다. 동료의 필요와 어려움을 이해하고, 솔선수범하는 태도를 가지는 것이다. 그렇게 하면 동료 역시 개발자를 단순한 기술자로만 보는 것이 아니라, 협력할 수 있는 동료로 바라볼 것이다. 또한 감동을 주는 코딩 실력을 갖춰야 한다. 복잡한 문제를 누구보다 빠르고 정확하게 해결할 수 있는 개발자가 된다면 자연스럽게 인정받고 존중받는 사람이 될 수 있다.

개발자라면 코드 자체의 완성도는 물론이고, 그 코드가 다른 사람에게 어떻게 영향을 미칠지 고민해야 한다. 단순히 기능을 구현하는 것을 넘어 유지·보수하기 쉬운 구조를 만들고, 동료 개발자가 쉽게 이해할 수 있도록 코드를 작성해야 한다. 또 문제 해결 과정에서의 태도도 중요하다. 문제가 발생했을 때 당황하지 않고 차분히 해결하는 모습으로 신뢰를 받기 바란다.

결국 사랑받는 개발자가 된다는 것은 기술적 능력만을 의미하지 않는다. 동료와의 협력, 문제 해결 과정에서의 태도, 그리고 주변을 살피는 마음가짐 등이 더해져야 한다. 당장은 어렵겠지만 작은 노력이 하나씩 쌓인다면 사랑받는 개발자가 되는 것도 꿈은 아닐 것이다. 좀 더 주변을 살피고, 상대를 이해하고, 솔선수범하고, 무엇보다 감동을 주는 코딩 실력을 갖춘다면 진정으로 사랑받는 개발자가 될 수 있다.

내가 생각하는 프로그래머의 삶

판교 한복판 복층 오피스텔. 아침 9시 기상. 탄력근무제라 10시에 출근할 계획. 잉글리쉬 토스트와 베이컨과 써니사이드업 에그로 간단한 식사. 전동 스쿠터를 타고 출근. 5분 만에 회사 도착. 회사 카페에서 커피 주문(직원은 무료). 커피를 마시며 회사 내부망에 접속. 2인 1조로 일하는데 1명은 유럽으로 휴가 중이라는 공지. 새로운 이슈가 생겼는지 느낌표 알림을 클릭하니 버전업된 환경이 구형 시스템과 새로운 충돌을 일으킨 모양. 간단히 3줄 고쳐주니 잘 돌아감. 회사 내부 시스템은 빌드부터 테스트, 최종 시스템에 로드까지 원클릭 전자동이라 단지 푸시 한 번만 해주면 끝. 어느덧 점심시간. 회사 식당에서 유기농 식단으로 간단하게 식사한 후

정자역까지 산책. 오후는 회사 업무와 상관없는 사이드 프로젝트 진행. 이번에 회사에서 따로 개발지원금을 받은 상태라 동료들과 열심히 개선 작업 중. 오후 4시 퇴근. 헬스장으로 향해 운동. 그때 띠리링 울리는 핸드폰. '월급여 9,879,800원' 문자. 집에 도착해 와인을 마시며 크롬 실행.

해당 글은 디시인사이드 프로그래밍 갤러리에서 익명의 사용자가 쓴 '내가 생각하는 프로그래머의 삶'이란 게시물을 조금 변형한 것이다. 진심인지 장난인지 구분하기 어려운 글이다. 아마도 상상 속에 존재하는 꿈만 같은 개발자의 삶을 풍자한 것 같다. 물론 몇몇 개발자는 이와 비슷한 삶을 누리고 있을지 모른다. 필자도 개발자가 되기 전에는 비슷한 환상에 젖어 있던 기억이 있다. 물론 개발자가 된 후에 그러한 상상은 깨져버렸다.

진짜
프로그래머의 삶

2010년대 초반, 첫 회사에 취직했을 때만 해도 탄력근무제는 없었고 아침식사는 당연히 주지 않았다. 사내 카페 또한 존재하지 않았다. 유럽은커녕 월차 한 번 내기도 힘들었다. 시스템 오류가 나면 야근은 기본이고, 급여는 최저임금을 받았다. 앞서 '내가 생각하는 프로그래머의 삶'이란 글과 정확히 반대로 살았다.

그런데 요즘 프로그래머의 삶은 어떨까? 상상 속의 그런 삶을 살아가고 있을까? 우선 빅테크 기업의 복지를 함께 살펴보겠다.

첫 번째로 사내복지라고 하면 가장 먼저 떠오르는 회사가 구글이다. 사내에 병원이 있고, 물리치료 서비스까지 제공한다. 사내 헬스장에서는 스피닝과 같은 단체 자전거 수업과 운동 수업을 제공한다. 프로젝트를 통해 적립한 포인트를 써서 사내 전문 마사지사에게 마사지를 받는다. 이뿐만 아니라 취미 수업과 코딩 학위 프로그램과 같은 전문 기술을 배울 수 있는 클래스가 존재한다. 구글의 구내식당은 전 세계의 다양한 음식을 제공한다.

마이크로소프트는 어떨까? 임직원의 금연, 체중 관리를 위한 프로그램을 제공한다. 전문가를 고용해 구체적으로 돕는다고 한다. 사내 헬스장뿐만 아니라 걷기와 달리기가 가능한 트랙이 회사 안에 있다. 농구장, 배구장, 야구장까지 준비되어 있다. 마치 태릉선수촌에 가까운 시설이다.

국내 기업 네이버는 주 5일 원격근무와 주 3일 이상 회사에 출근하는 근무 형태 중 하나를 고를 수 있는 '커넥티드워크' 제도를 시행하고 있다. 휴가와 일을 병행하는 워케이션 제도가 추가되어 회사가 보유한 강원도 춘천시 연수원과 일본 도쿄 베이스캠프에서 최대 4박 5일간 워케이션을 할 수 있다. 네이버는 연차를 이틀 이상 붙여 사용할 경우 일당 5만 원씩 휴가비를 지원하고, 3년 이상

근속한 직원은 자기계발이나 휴식을 위해 최대 6개월까지 무급휴직이 가능하다.

카카오는 어떨까? 카카오 임직원은 재충전을 위해 3년 근속 시 한 달의 장기 휴가를 부여하며, 급여와 함께 휴가비 200만 원을 지급한다. 가족돌봄을 위해 단축 근무나 휴직도 할 수 있다. 질병이나 사고로 인한 병원 치료 입원비는 본인과 직계가족에게 최고 3천만 원을 지원한다. 실손의료보험에는 치과 치료비를 포함한다. 가족사랑지원제도를 통해 불의의 사고나 질병으로 크루가 사망할 경우에는 크루 가족의 안정적인 생활을 위해 지원금 2억 원을 일시 지급한다.

하지만 대한민국의 모든 기업이 복지가 좋다고는 할 수 없다. 열악한 근무환경 속에서 일하는 개발자도 있고, 구글 못지않은 복지를 누리며 일하는 개발자도 있을 것이다. 현장에서 10년 넘게 일하고 있는 필자가 느끼기에 최근에 개발자가 받는 대우가 달라진 것은 확실하다. 우선 탄력근무제를 운영하는 회사가 많아졌다. 점심을 제공하는 회사 또한 많아졌고, 휴가제도 등 직원을 배려하는 제도도 늘어났다. 최근 IT 기업들은 주 2~3일 재택근무를 허용하거나, 자기계발을 위한 시간을 업무시간 내에 배정하기도 한다. 또한 많은 기업이 입사 시점부터 충분한 연차를 제공해 직원들이 일과 삶의 균형을 유지할 수 있도록 지원하고 있다. 이처럼 한국 회사도 개발자를 대하는 문화가 많이 달라졌다. 과거에는 회사가 돌아가는 데 필요한 하나의 부품 정도로 생각했다면 지금은 함께 회사를 이끌어가는 동료로 여기고 있다.

한편 기쁜 소식만 있는 것은 아니다. 빅테크 기업의 복지는 절정에 다다랐고 다시 감소하는 추세다. 일론 머스크가 인수한 트위터만 해도 사명이 X로 바뀌면서 대규모 감원과 함께 복지 관련 프로그램을 크게 축소시켰다. 페이스북의 모회사 메타도 비용 절감을 목표로 2022년 11월부터 약 2만 1천 명을 해고하고, 각종 복지 혜택을 축소한 바 있다. 구글 역시 활용도가 낮은 일부 시설을 폐쇄하고, 2023년 1월 24명의 마사지 치료사와 근로계약을 종료하는 등 복지 혜택을 축소했다.

내가 생각하는 개발자의 삶

개발자의 삶에서 복지와 돈보다 중요한 게 있을까? 친한 후배 개발자 C는 언론사에서 최고의 개발자가 되는 것이 꿈이라고 한다. 그 이유는 국민의 알 권리를 충족시키는 언론의 순기능을 강화하는 숭고한 조력자로 살고 싶기 때문이다. C는 빅테크 기업의 스카우트 제의도 뿌리치고 여전히 언론사에서 개발자로 살며 최선을 다하고 있다. 이처럼 개발자마다 추구하는 철학과 가치관은 다르다. 우선순위가 복지, 돈이라고 해서 나쁜 것은 아니다. 나름의 이유로 그것을 선택한 것뿐이다. 그런데 앞서 말한 사례처럼 코딩으로 세상에 기여하고 싶은 마음을 가졌다면, C처럼 복지와 돈 이상의 무언가를 추구하게 될 것이다.

필자가 개발자로서 최선을 다하는 이유는 이렇다. 보다 많은 사람에게 코딩을 쉽게 알려주고 싶기 때문이다. 그렇기에 책을 쓰고 강의를 하고 블로그에 기록한다. 보다 많은 지망생이 개발자의 길에 들어서는 데 디딤돌 역할을 하고 싶다. 그래서 개발자의 삶이 지칠 때마다, 독자 여러분의 후기를 보며 다시 힘을 얻곤 한다.

개발자로 살아가는 혹은 개발자를 꿈꾸는 모든 이에게 질문한다. 우리는 무엇을 위해 코딩을 해야 할까? 어떤 가치를 추구하며 살아야 할까? 여러분이 생각하는 개발자의 삶은 무엇인가? 개발자라는 역할을 넘어 여러분의 삶이 더욱 풍성해지기를 바란다.

한 걸음 쉬어가기

오늘도 개발자는 예스 맨

"예스는 긍정적인 결과를 불러오고 삶의 진짜 기회는 다양한 모습으로 찾아온다."

영화 〈예스 맨〉에서 나오는 문구다. 거절의 달인 칼 알렌은 '인생역전 자립프로그램' 세미나에 참여하면서 모든 일에 '예스'를 외치기로 결심한다. 칼이 예스 맨이 되면서 그의 삶은 급격한 변화를 맞이한다. 이성을 사귀게 되고, 회사 생활과 인간관계까지 모두 좋아진다. 하지만 얼마 지나지 않아 문제가 발생한다. 무조건 예스를 외치면서 했던 행동들이 의심을 받게 된다. 한국어 배우기, 경비행기 운전, 네브라스카 여행 등으로 인해 국가 안보를 위협하는 테러리스트로 의심받아 체포되기에 이른다. 영화 속 예스맨은 이 위기를 어떻게 극복해나갈까?

개발자 역시 '예스 개발자'가 되어야 하는 걸까? 만일 예스 개발자의 삶을 살기로 결심했다고 가정해보자. 아침에 출근한 예스 개발자는 사무실에 도착하자마자 누군가에게 급히 호출된다. 아하, 긴급한 개발 건이 생겼다. 요청자는 아주 간단한 일이라고 말하지만, 불행히도 예스 개발자는 쌓아둔 업무가 많아 이번 주 내내 야근 중이다. 그럼에도 불구하고 외친다.

"예스! 예스! 예스!"

이번에는 아이디어 회의 시간이다. 한 달에 한 번 있는 아이디어 회의다. 참석자들은 시작하자마자 넘치는 아이디어를 발산한다. "이 기능은 어떨까?" "저 기능은 어떨까?" "아하, 이런 기능도 있으면 좋겠네." 역시 아이디어 회의답게 즉흥적인 요청이 쏟아진다. 하지만 우리의 예스 개발자는 긍정의 삶을 살기로 다짐했으므로 다시 한번 외친다.

"예스! 예스! 예스!"

아직 끝나지 않았다. 이번에는 또 다른 요청이다. 상당히 급한 요구사항이 있어 보인다. "개발자님, 죄송한데요. 혹시 이거 3일 만에 끝낼 수 있을까요?" 하는 누가 봐도 상당히 무리한 일정이다. 우리의 예스 개발자는 마지막까지 스스로의 다짐을 배신하지 않는다.

"예스! 예스! 예스!"

그리고 일주일 후, 예스 개발자의 근황을 알아보자. 긴급 개발 건을 진행하던 개발자는 충실히 개발을 완료했지만 문제는 그게 아니었다. 먼저 들어온 긴급 개발 건을 미루게 되면서 약속을 지키지 못한 개발자가 되어버렸다. 그리고 아이디어 회의에서 나온 즉흥적인 개발 건은 어떻게 되었을까? 훌륭한 아이디어도 있었지만 즉흥적인 만큼 가벼운 아이디어가 많았다. 열심히 만들어놓고 사용하지 못하면서 예스 개발자는 힘이 빠지고 만다. 급하게 들어온 개발 건은 어떻게 되었을까? 밤샘 코딩으로 최선을 다했지만 결국 개발을 끝내지 못했다. 불가능한 걸 가능하다고 한 개발자는 신뢰까지 잃고 만다. 그렇게 예스 개발자는 다시 안 된다는 말을 입에 달고 사는 '노 개발자'가 되었다.

개발자가 예스 맨이 될 수 없는 이유를 살펴보자. 긴급 개발 건에 모두 예스를 외치지 못하는 이유는 긴급 건이 많아지면 많아질수록 무엇이 더 중요한지 구분하기 어려워지기 때문이다. 작고 가벼운 물건이라도 그 수가 많아지면 다 들지 못하고 넘어지는 것처럼 말이다. 그러므로 개발자는 방어적으로 '노!'라고 외친다. 기존의 긴급 건을 처리하기 위해서는 최소한의 시간이 필요하다.

즉흥적인 아이디어에 예스를 외치지 못하는 이유는 무엇일까? 제대로 된 판단을 하기 어렵기 때문이다. 코딩은 명확함이 필수다. 즉흥적인 아이디어를 모두 이해할 수 없고, 가능 여부도 확인하기 어렵다. 그렇기 때문에 개발자는 우선 '노!'를 외치고 생각할 시간을 벌고 싶어 한다.

무리한 일정에도 예스를 외치기는 어렵다. 개발자도 사람이고 한계가 존재한다. 만약 하루를 20시간으로 잡고 일한다면 며칠이나 버틸 수 있을까? 번아웃이라도 온다면 큰일이다. 개발자는 스스로의 한계를 알고 있기 때문에 무리한 일정에 우선 '노!'를 외치게 된다. 이런 대답은 개발자 스스로를 보호하기 위한 최선의 방법일 수 있다.

그럼 개발자에게 '예스'를 듣는 방법은 무엇일까? 개발자는 구체적인 요구가 필요하다. 지나가듯이 요청하면 수락하기 어렵다. 가벼운 요청으로 시작하지 말고 우선 만나서 의견을 나눠야 한다. 의견을 나누고 조율하며 서로가 이해할 수 있는 합의를 도출해야 한다. 목표부터 먼저 내놓기보다 과정을 이야기하면서 구체적으로 소통할 때 개발자는 마음을 연다. 요청자라면 개발자를 위해 어떤 도움이나 배려가 가능할지 먼저 고민해보자. 예를 들어 긴급한 일정이 문제라면 다른 요청자와 사전에 상의해서 일정을 조절하는 것은 어떨까? 기획 문서가 보기 어렵다면 좀 더 쉬운 말로 이해할 수 있도록 구두로 먼저 설명해보는 것은 어떨까? 단순히 요청자가 아닌 동료로 다가간다면 개발자도 마음을 열 것이다.

에릭 슈미트 전 구글 회장은 저서를 통해 다음과 같이 충고했다.

> 무슨 일에든지 '예스(yes)'라고 답하는 방법을 찾아라. 다른 나라에서 날아온 초청장에 '예스' 하고 답하고, 새로운 친구를 만나면 '예스'라고 말하고, 뭔가 새로운 것을 배우면 '예스'라고 말하라. '예스'는 당신이 첫 번째 일자리를 구할 수 있게 만들고, 다음 일자리도 구할 수 있게 해주며, 당신의 동반자, 심지어 아이들까지도 얻게 해준다.

개발자에게 예스는 어려운 일이다. 하지만 진심 어린 예스는 우리의 행동을 바꿀 만큼 강력하다. 단순한 것에서부터 진심을 담아 예스를 외쳐보자. 상대를 이해하는 마음을 담아 예스를 외칠 수 있다면 삶을 긍정적으로 바꿀 수 있다.

멋지게 성장할 당신을 기대하며

함께 코딩의 세계를 탐험했던 여정을 이제 마무리할 시간이다. 처음에는 복잡하고 어려워 보였을 수 있다. 수많은 코드와 프로그래밍 언어, 그 안에서 벌어지는 여러 과정에 대해 이해하려고 애쓰면서 어쩌면 조금 지쳤을지도 모른다. 개발자가 되기 위한 여정은 마치 한 걸음 한 걸음 차근차근 산을 오르는 것과 같다. 정상을 향해 올라가다 보면 어느새 익숙해진 길 위에 서 있는 자신을 발견하게 될 것이다.

개발은 마치 마법과도 같다. 사람의 생각을 코드로 표현하고, 그 코드를 통해 현실 세계에서 새로운 가치를 만들어낸다. 우리는 이제 누군가가 만들어놓은 도구로만 세상을 바라보는 것이 아니라, 직접 도구를 만들고 세상을 바꿀 수 있는 존재가 되었다. 우리가 편리하게 사용하고 누리는 모든 서비스는, 코딩이라는 이름 아래 개발자의 손에서 탄생한 결과물이다. 그 과정에서 사용된 기술, 프로그램, 알고리즘은 단지 도구일 뿐, 가장 중요한 것은 개발자가 가지는 창의적인 사고와 문제를 해결하려는 의지다.

이 책은 단순히 개발자가 되는 법을 가르쳐주는 것을 넘어서 기술로 무엇을 만들고 싶은지, 어떤 가치를 전달하고 싶은지를 고민하게 한다. 개발자가 된다는 것은 새로운 기술을 배우고 그 기술을 통해 세상을 바꾸는 사람이 된다는 것이다. 처음에는 코딩이 낯설고 다가가기 어려웠을지 모르지만, 이제는 언제든지 손을 내밀어 함께 할 수 있는 동반자가 되었을 것이다.

이제 당신의 차례다. 컴퓨터와 대화하기 위해 처음으로 코드를 짰을 때의 짜릿함을 기억하는가? 그 순간이 계속되기를 바란다. 몰랐던 것이 하나씩 이해되기 시작하고, 어느 순간 당신이 만들고자 하는 것이 눈앞에 현실로 나타나는 경험을 하게 될 것이다. 이 여정이 발판이 되어 당신의 손으로 더 큰 세상을 만들어가길 바란다.

코딩은 단순한 기술을 넘어선 가능성의 도구다. 우리는 이 도구를 통해 미래를 만들어나가며, 그 과정에서 스스로의 가치를 발견한다. 당신도 그 여정의 일원이 되기를 진심으로 응원한다.

내 손 위의 코딩

초판 1쇄 발행 2025년 5월 30일

지은이 | 고코더(이진현)
펴낸곳 | 원앤원북스
펴낸이 | 오운영
경영총괄 | 박종명
기획편집 | 이광민 김형욱 최윤정
디자인 | 윤지예 이영재
기획마케팅 | 문준영 이지은 박미애
디지털콘텐츠 | 안태정
등록번호 | 제2018-000146호(2018년 1월 23일)
주소 | 04091 서울시 마포구 토정로 222 한국출판콘텐츠센터 319호(신수동)
전화 | (02)719-7735 팩스 | (02)719-7736
이메일 | onobooks2018@naver.com 블로그 | blog.naver.com/onobooks2018
값 | 20,000원
ISBN 979-11-7043-643-0 03190